CEMETERY RECORDS OF CAMBRIA AND SOMERSET COUNTIES, PENNSYLVANIA

Volume II

by
Brian J. Ensley

Published by
Closson Press

Published by
Closson Press
1935 Sampson Drive, Apollo, PA 15613-9208
Phone: (724)-337-4482/Fax: (724)-337-9484
http://www: clossonpress.com
First Edition
ISBN #1-55856-324-5
Library of Congress Card Number 99-75893
© copyright, October 1999
Brian J. Ensley

INTRODUCTION

When doing genealogy, cemetery records are one of the most valuable tools one can use. In some cases, a headstone is the only record that a person even existed. Many families who didn't have obituaries published and who died when there were no formal death certificates issued, left a headstone inscription which was the only record of their dates. Some cemeteries are large and have offices and staff to assist people, but most are small, private cemeteries, some of which are only small plots on the home farm.

Over time, many headstones become worn, damaged, or missing. Having a permanent record of the inscriptions of these stones is important. Since many of the stones are already worn or damaged, transcribing them can be sometimes difficult no matter what method is used to decipher them. All attempts were made to be as complete and accurate as possible. In many past cemetery surveys done in the 1930's in Somerset County, the children's graves were omitted. This includes all of the readable stones of children which are important, also, when doing a family tree. Of course, no matter how much care was taken in preparing this survey, errors are due to exist.

The format of this text was done making it as easy as possible to determine separate families with the same surname, as spouses and their children are grouped together. The date that the survey was completed is noted at the end of each cemetery listing, however, some information may have been added since. The standard codes are used showing relationships, such as w/o meaning wife of, etc. Any identified war veterans were also noted using the following key:

REV	-Revolutionary War	*WW1*	-World War I
1812	-War of 1812	*WW2*	-World War II
GAR	-Civil War	*K*	-Korean
SP-AM	-Spanish-American War	*V*	-Viet Nam

The purpose of this text is to record the information contained in our local cemeteries for future generations before they are lost to time and the elements. An attempt was made to provide a sampling of area cemeteries in the Cambria-Somerset County areas of Pennsylvania. Any comments, additions and/or corrections should be sent to the address below:

Brian J. Ensley
408 Manges Street
Central City, PA 15926

TABLE OF CONTENTS:

Bartlebaugh Cemetery, East Taylor Twp., Cambria County... 1
Baumgardner Cemetery, Richland Twp., Cambria County... 1
Berkey Farm Cemetery, Paint Twp., Somerset County.. 2
Berkley Hills Cemetery, Upper Yoder Twp., Cambria County... 3
Beulah United Methodist Cemetery, Lincoln Twp., Somerset County... 32
Brotherton Pike Brethren Cemetery, Stonycreek Twp., Somerset County... 42
Brown Cemetery, Jackson Twp., Cambria County... 61
Daley Farm Cemetery, Shade Twp., Somerset County.. 62
Daley Cemetery, Shade Twp., Somerset County... 63
Emert Burial Ground, Lincoln Twp., Somerset County.. 76
Ford Cemetery, Croyle Twp., Cambria County... 77
Foustwell Cemetery, Paint Twp., Somerset County... 79
Fyock Cemetery, Paint Twp., Somerset County... 82
Heiple Farm Cemetery, Somerset Twp., Somerset County.. 82
Horner Cemetery, Paint Twp., Somerset County... 84
Kimmel Cemetery, Jefferson Twp., Somerset County... 86
Lambert Cemetery, Stonycreek Twp., Somerset County... 87
Lenhart Burial Ground, Jefferson Twp., Somerset County... 87
Lovett Cemetery, Adams Twp., Cambria County.. 89
McGregor Cemetery, Shade Twp., Somerset County.. 94
Martin Luther Memorial Cemetery, Shade Twp., Somerset County..119
Mostoller United Methodist Cemetery, Quemahoning Twp., Somerset County....................................121
Mount Carmel Lutheran Cemetery, Ogle Twp., Somerset County..122
Musser Cemetery, Stonycreek Twp., Somerset County...124
Pleasant Hill Cemetery, Somerset Twp., Somerset County...125
Pringle Hill Cemetery, Summerhill Twp., Cambria County..136
Pringle Hill Evangelical Cemetery, Croyle Twp., Cambria County..147
Rayman Brethren Cemetery, Stonycreek Twp., Somerset County...149
Rummel Lutheran Cemetery, Paint Twp., Somerset County...151
Saint Anne's Catholic Cemetery, Benson Borough, Somerset County..159
Sarver Farm Cemetery, Allegheny Twp., Somerset County..170
Sorber Cemetery, Shade Twp., Somerset County..171
Specht Cemetery, Quemahoning Twp., Somerset County...172
Wilmore United Brethren Cemetery, Summerhill Twp., Cambria County..172

BARTLEBAUGH CEMETERY

Located along State Route 3030, east of Mineral Point, in East Taylor Twp., Cambria County, PA. The site was the Bartlebaugh home which was destroyed in a fire on December 17, 1940, claiming five members of the family.

BARTLEBAUGH, John J.   12MAY1910-23JUL1962
    Ethel Marie (VARNER)   14JUL1916-17DEC1940
    Joann Marie   31MAR1936-17DEC1940
    John Lewis   19OCT1940-17DEC1940

    Robert L.   03NOV1908-19JAN1987
    Jennie M. (GROVE)   07FEB1909-
    Ruth Pearl   04JAN1930-17DEC1940
    Betty Jane   16SEP1935-17DEC1940

04/25/96

BAUMGARDNER CEMETERY

Located in Richland Twp., Cambria County, PA near the Borough of Scalp Level. From PA Route 56 North (Scalp Avenue), turn onto Berwick Road (TR 305) and travel for exactly 1 2/10 mile. The cemetery is up the hillside to the left. It is situated about 150 yards behind the gas company pipeline on the UPJ Campus property.

BAUMGARDNER, Michael   d-25JUN1903   ag-82-0-13
    Elizabeth (MURPHY)   d-13DEC1878   ag-45-8-22
    Infant Daughter   b/d- 13DEC1878
    William   d-02DEC1891   ag-35-0-21
    Ida May   d-16JAN1890   ag-15-8-10
    Ephraim   d-25OCT1861   ag-2-2-4
    Infant Daughter   d-26APR1870   ag-1-3-14

FOUST, Abraham (s/o J & E)   d-26DEC1859   ag-?
    Ann Eliza (d/o J & E)   d-16SEP1858   ag-?
    John (s/o J & E)   d-22NOV1851   ag-4-5-11
    Mary (d/o J & E)   Unreadable
    Norman (s/o J & E)   d-18APR1861   ag-0-0-21
    Sarah (d/o J & E)   d-17SEP1850   ag-0-8-12

MILLER, Emma E. (w/o Josiah)   d-14AUG1901   ag-42-4-13

WISSINGER, Amanda J. (d/o Thomas & Amelia)   d-05OCT1866   ag-1-2-11

NOTE: There are also over one dozen fieldstone markers.   11/06/96

BERKEY FARM CEMETERY

Located in Paint Twp., Somerset County, PA. From Pomroy's Crossroads, take Dark Shade Drive (PA Route 160) south for exactly 1 ½ miles. The cemetery is about 200 yards out in the field under a lone pine tree, opposite of Bob Feather Mobile Homes and next to the Alberter Farm.

BERKEY, Henry	d-31JUL1878 ag-82-8-23
Mary (UMBURN)	d-10APR1868 ag-71-5-9
Henry	d-21JUN1857 ag-22-4-23
Hobart McKinley (s/o Austin & Axie)	31OCT1895-12FEB1898
John	07MAY1844-10OCT1928 **<u>GAR</u>**
Mary (YOUNKER)	15MAY1847-02MAY1922
Mary Maud	08JUN1878-12DEC1880
Calvin Garfield	05FEB1883-19MAR1914
Joseph Henry	d-28JUN1871 ag-38-4-7
Anna Catherine (OTTO)	28JAN1840-28JUN1871
Lucy Ann (SHAFFER) (w/o George)	d-07MAR1851 ag-23-2-2
Simon	24JAN1840-27NOV1916
Mary (LOHR)	11DEC1841-07APR1902
George	23JUL1864-03FEB1865
Steward Simon (s/o Noah & Grace)	09JUN1892-13OCT1893
Nellie Edith (d/o Noah & Grace)	06OCT1896-18DEC1897
MEYERS, Nancy (w/o David)	d-10APR1855 ag-55

NOTE: Nearly all of the stones are toppled. There is currently strip mining going on all around the cemetery making the cemetery appear like a raised island of land. The cemetery is in poor shape and some stones are worn and missing.

12/11/98

BERKLEY HILLS CEMETERY

Located off of Goucher Street behind the WJAC-TV Station, in Upper Yoder Twp., Cambria County, PA. This was also known as the Sell Cemetery.

ADAMS, Jeremiah F.	1881-1940
Cora S.	1885-1955
ALBERT, J. Grant	1865-1934
Lulu D.	1881-1988
Henry George	1905-1980
ALLISON, Clarence	1894-1950
Alma (EVANS)	1894-1973
Robert	1929-1943
ALMOND, Arvel E.	1871-1952
Helena M.	1880-1967
ALWINE, Mildred (d/o Henry)	21FEB1914-25FEB1914
ARBAUGH, Daniel J.	09NOV1913-09JAN1991 **WW2**
Lillie F.	18FEB1921-13JUL1992
BAER, Ebeneezer	1870-1926
Catherine (LING)	29JAN1889-05JAN1943
Terry Lee	1954-1990
BAGLEY, Doris P.	24MAY1932-10AUG1977
BAKER, Arvilla (BLOUGH)	1903-1935
Helen Grace	1921-1931
BEABES, Blair A.	1878-1953
Emma S.	1881-1968
Stephen	1853-1943
Nancy (HARSHBERGER)	1852-1930
BEACHEM, David A.	1883-1924
BEAM, Caroline (MISHLER)	1870-1923

BEAM, Desmond B.	1919-1973
Elizabeth (GREEN)	1918-1947
Mildred L. (2nd Wife)	1923-
John Calvin	1869-1951
Stella R.	1893-1970
John M.	1896-1943
Hazel M.	1897-1959
William R.	1893-1976
Emma J. (BERKLEY)	1895-1981
BERKEY, Lloyd H.	1890-1944 **_WW1_**
Clara E.	10JUL1901-28APR1983
Lloyd H., Jr.	1921-1960
James Richard	01JUN1937-27APR1987
BERKLEY, Albert U.	1862-1919
Lovina (HERSHBERGER)	1868-1917
N. William	d-13OCT1891 ag-3-2-25
Clayton M.	1858-1939
Eliza M. (KNUPP)	1862-1956
Donald R.	1910-
Marion K.	1915-1973
Harry E.	1870-1935
Lydia D. (REAM)	1874-1963
Lloyd A.	1893-1968
Irvin J.	02MAY1883-25JUN1953
Stella M.	28FEB1897-27MAR1961
Israel	1834-1889
Annie Elizabeth (LINT)	1841-1919
Jacob A.	1867-1871
Annie E.	1881-1917
Jacob	1806-1884
Rebecca (SCHROCK)	1807-1897

BERKLEY, N.W.	1889-1918	
BLAUGH, Jonathan H.	1871-1956	
Elizabeth (REAM)	1875-1932	
Robert E.	1906-1953	
Lillian M.	1909-1991	
Infant	No Dates	
BLOUGH, David J.	1846-1917	
Eliza A. (MEYERS)	1847-1915	
Edna E. (BERKLEY)	1900-	
Ephraim	1848-1916	
Sylvia A. (REAM)	1866-1939	
Henry D.	1861-1935	
Kate (MISHLER)	1869-1919	
Arthur Newton	25JAN1893-09JUN1917	
Jennie (MILLER) (w/o Harry E.)	20JUN1891-17NOV1924	
Lorenzo	1873-1936	
Emma (DINGES)	1879-1962	
Leroy	1902-1923	
William L.	1893-1937	**_WW1_**
BOLLERHEY, Alice	08JAN1890-31DEC1924	
H. Morton	1888-1973	
Belle V.	1892-1972	
Dorothy Belle	03OCT1915-28DEC1920	
Henry	27APR1860-09APR1915	
Sarah E.	14SEP1859-12AUG1940	
BONHOLTZER, Joseph	1863-1923	
Annie	1862-1925	
Ralph	1890-1956	
Elizabeth (YOUNG)	1890-1926	

BOYER, Henry M.	1881-1930	
Elsie V.	1882-1951	
Jerry	1854-1951	
Lovina (REAM)	1860-1938	
John W.	1883-1956	
Iva P.	1890-1962	
Joseph E.	1916-1916	
Richard G.	17MAR1928-30OCT1965	
Evelyn G.	14JUN1928-	
Thomas E.	1889-1982	
Annie E.	1896-1934	
BOYLES, William M.	1897-1987	*WW1*
Helen R.	1893-1971	
Charles F.	08JAN1920-05AUG1931	
BRALLIER, Margaret Jean	1959-1960	
BROWN, Allen Ray	08OCT1919-29JAN1992	*WW2*
Edna Mae	15DEC1921-	
Leland	1887-1936	
BRUCE, Philip	1853-1907	
BURKHART, Harrison	1841-1916	
Nellie (BEAM)	1890-1921	
CALLIHAN, Charles C.	1892-1969	
Esther L.	1901-1942	
CAMPBELL, John W.	11JAN1884-21JAN1928	
Dola (GARDNER)	04APR1885-06JUN1928	
Gearldine	05APR1903-24MAY1922	
CARBAUGH, Carrie	1911-1957	

CARLSON, Thomas L., Sr.   1899-1974
    Mary M.   1898-1967

CHANDLER, James M.   1872-1963
    Catherine   1857-1932

CHAPPLE, Charles E.   1866-1943
    Lulu E.   1873-1957
    Frank G.   1894-1914
    Robert S.   10DEC1905-24MAR1964   ***WW2***

    Helen   1837-1920

CHASE, John E.   1878-1938
    Marguerite B.   1882-1981

CHILCOTE, Charles P.   23NOV1885-12FEB1964
    Winnie   22OCT1890-17APR1960

CHURCHEY, Garfield A.   14JUL1883-07OCT1954
    Lucy Bell   29DEC1884-10JUL1954
    Hazel Olive   06APR1917-12OCT1924

CLARK, Carrie N.   1893-1933

    Clyde C.   1924-1926

COLEMAN, Millard F.   1858-1897
    Mary E.   (GARDNER)   1867-1951

    John P.   1888-1964
    Ivy M.   (BERKLEY)   BLOUGH   1893-1950

CONFER, Benjamin L.   1901-1968
    Clara E.   1907-1962

CONTRILLO, Joseph J.   09DEC1925-02AUG1990   ***WW2***
    Doris M.   20SEP1928-

CROOK, Donald L.   11MAY1905-24JUL1923

CROYLE, Isaac   1877-1948
    Fannie   (ROSEMAN)   1882-1953

CULIN, Abraham	1880-1963	
Margaret (YOUNG)	1884-1958	
Nancy Elda	1908-1935	
Charles Ray	1918-1919	
CUNNINGHAM, Merril R.	1898-1931	
Carrie B.	1898-1975	
DAVINSON, George	1891-1964	
Leeta F.	1892-1963	
Wilbert P.	1930-1981	
DAVIS, Dorothy (FRITZ)	06SEP1906-01OCT1978	
Elmer	26JUN1888-25MAR1926	***WW1***
DEMPSEY, Gertrude G.	1927-1991	
DeSHONG, Dekalb	1910-1966	
Genevieve	1908-1973	
DOM, Henry T.	1857-1941	
Bettie C.	1867-1940	
George T.	26SEP1893-30APR1915	
Helen	14NOV1908-24NOV1918	
DUNMEYER, Jennie Grace	16JUN1870-23APR1955	
EAKLE, Harry K.	1896-1949	***WW1***
Marion L.	1898-1964	
EICHELBERGER, Sara (TURNER)	1890-1948	
EMEIGH, Charles F.	1889-1967	
Bertha B.	1891-1967	
Daniel N.	1885-1963	
Mary I.	1896-1928	
EPPLEY, James H.	1875-1945	
H. Blanche	1889-1918	

EVANS, Thomas G.   02AUG1917-20AUG1983   **_WW2_**
    Dorothy (SHAFFER) (Married: 02MAR1940) 16JUL1920-

FAUST, Irvin N.   1887-1960
    Gussie E.   1891-1964

FEATHERS, Walter I.   28OCT1958-08APR1959

FESKO, Michael   1896-1965
    Ethel C.   1896-1971
    Helen   25AUG1923-07JAN1933

FISHER, Frank M.   1896-1969

       Franklin M.   12MAY1915-08JUN1978   **_WW2_**
       Henrietta   1920-1986

       William I.   1894-1956
       Jennie (PIZER)   1895-1977
       Walter J.   08MAR1925-29OCT1998

FLOWER, Frank J.   1875-1941
    Catherine F.   1876-1948

FOCKLER, Laura B. (MILLER)   1898-1972

FOUST, Merle A.   1910-1974
    Florence E.   1913-1985

    Robert N.   1869-1951
    Eliza J.   1872-1944

    Sheridan   1877-1968
    Lydia   1881-1915
    Grant C.   1907-1975
    Ruth   1913-1914

    William   1913-1976
    Catherine   1916-

FRITZ, Edward G.   19AUG1863-21MAR1933
    Minnie M.   27FEB1869-19DEC1944

[Handwritten: CORRECTIONS BY BRIAN VOL III P.150]

[Handwritten: FORBES, JOHN F.   MAY 14, 1907 (DEATH)
    CATHERINE (KAUFMAN) W/O JOHN F.   MAY 31, 1860 - OCT. 7, 1942
  NO STONES *]*

GAMELIN, Mildred L. (SAYLOR)	1907-1949	**_WW2_**
GARDNER, George W.	1884-1929	
John A.	1886-1960	
Mae E.	1897-1981	
A.E. Buck	1929-1961	
John P.	d-24FEB1907 ag-68	**_GAR_**
Polly (MANGUS)	d-21JUL1915 ag-79	
GARMAN, Howard W.	1876-1959	
Mary E.	1885-1958	
GILLILAND, Richard	25JUL1961-01MAR1965	
GINDLESPERGER, Alvin Smith	22OCT1905-30JUL1996	
Violet (MELOWN)	06OCT1903-27SEP1981	
Gabriel	1846-1913	
Sadie (MILLER)	1851-1920	
George Wesley	1892-1894	
Harry T.	1878-1959	
Elizabeth (KEAFER)	1876-1938	
John Lemon	22JAN1881-06NOV1946	
Gertrude Mabel (SMITH)	13MAR1882-23NOV1953	
Helen	05NOV1907-22JUN1925	
Joseph Elsworth	1874-1961	
Elizabeth (HOWARD)	1870-1954	
Lester Elsworth	1901-1987	
Charles	1904-1905	
Kenneth R. (s/o Paul)	28DEC1953-29DEC1953	
Lloyd E.	1898-1969	
Gertrude M. (HENZE)	1901-1937	
Rose M. (2nd Wife)	1908-1991	
Lloyd E., Jr.	1927-1929	

GINDLESPERGER, Samuel M. 1876-1939
    Amanda P. (SPEICHER) 1885-1960
    Russell J. 1903-1979
    Earl 1908-1908
    Ernest 1914-1914

    Simon 1873-1948
    Amanda (EASH) 1872-19__
    Edward C. 12JAN1898-25APR1907

GOODWIN, William J. 1860-1948
    Sarah Elizabeth 1866-1941

GOVIER, Elmer E. 1893-1916

    Ralph L. 1890-1957
    Mary E. 1893-1930

    William L. 1927-1949   ***WW2***

    William E. 1869-1943
    Adaline C. 1873-1954

GRAY, John R. 16JUN1923-02NOV1987   ***WW2***
    Grace E. 09MAY1918-
    Mary Grace FEB1947-FEB1947

GREEN, John Lorraine 12MAR1896-09APR1935
    Luella May (GINDLESPERGER) 27AUG1900-07MAY1988
    George 1928-1928

GRIFFITH, Wesley 1853-1926
    Lizzie 1852-1922

GRUBB, Harvey 1882-1959
    Frances R. 1893-1963
    Richard Harvey 1915-1917

    William J. 1856-1945
    Caroline 1858-1932
    Margaret 1884-1967

HAER, Joseph E. 1863-1925
   Jennie 1867-19__
   William F. 1899-1956

HAMILTON, Infant 1925-1925

HARSHBERGER, Ephraim 1871-1964
   Margaret (BERKLEY) 1873-1929
   Byron O. 30OCT1897-09JAN1909
   Infant Son 28DEC1905-15APR1906

HART, Nellie G. 04MAR1900-05DEC1975

   Virgil L. 1912-1986
   Ann Arlene 1928-

HEIPLE, Josiah 25APR1827-29APR1904

   Lewis Perry 02AUG1822-14DEC1875
   Elizabeth (ANKENY) 01JAN1830-02FEB1895
   Jeremiah 24AUG1850-24JAN1863
   Agnes 20JAN1856-08APR1927
   Jacob 28SEP1859-24JUN1893
   Henry 06APR1861-14MAR1893

HELSEL, Leroy 1897-1937
   Frieda M. 1897-1946
   Lois Eileen 1923-1923

HERNDON, Walker J. 1880-1949
   Lavina 1874-1947

HERSHBERGER, Glen E. b/d- SEP1948

   Hiram 31AUG1847-19NOV1925
   Sarah (ROSEMAN) 1850-1925
   Freeman 1873-1955
   Hiram, Jr. 07FEB1890-7MAR1890

   J. Mc. 1839-1915   *GAR*
   Annie (WILLIAMS) 1845-1920

HERSHBERGER, James M.	1866-1938	
Minnie Catherine	1874-1913	
John	1840-1918	**_GAR_**
Sarah (GATES)	1845-1923	
Bertha H.	d-28JUL1878 ag-0-8-17	
HESS, Maude T. (HAER)	16DEC1902-09JAN1970	
HOLFORD, Emma (KOCSAN)	1912-1948	
HOLSOPPLE, Charles Freemont	1856-1937	
Catherine Minerva (SHAFFER)	1864-1947	
Claude I.	01SEP1886-01JAN1889	
HOPKINS, George	1868-1918	
Jane Ann (HELSEL)	1875-1965	
William J.	1905-1985	
Anna V.	1907-1968	
HOPPERT, Lori Jean	b/d- 25AUG1964	
HORNER, Aaron A.	1853-1927	
Barbara A.	1859-1922	
J. Russell	1901-1967	
Mary E.	1906-1981	
HOWARD, David J.	1866-1956	
Florence E.	1870-1927	
Elizabeth M.	1895-1914	
Helen	03MAR1907-06MAY1925	
Robert E.	1911-1932	
Edith M. (LAPE) FELTON (w/o Wm.)	02JUN1894-06JUN1963	
Henry	05JAN1838-07JUN1915	**_GAR_**
Julia (REAM)	24DEC1841-09DEC1924	
Jennie	1880-1934	

HOWARD, John Wesley　　　　　　　　　　　　1869-1937
　　　Polly　(ALWINE)　　　　　　　　　　　1873-1949
　　　Dolly Viola　　　　　　　　　　　　　　JUL1899-01JUL1901

　　　Stephen W.　　　　　　　　　　　　　　1873-1928

　　　Sue M.　　　　　　　　　　　　　　　　1885-1934
　　　Alberta　　　　　　　　　　　　　　　　1910-
　　　Frank C.　　　　　　　　　　　　　　　1917-1962　　　　　***WW2***

　　　Urban B.　　　　　　　　　　　　　　　1874-1941　　　　　***SP-AM***

HOYT, Dorothy　(BEABES)　　　　　　　　　　27OCT1910-14FEB1990

INSCHO, John S., Sr.　　　　　　　　　　　　　1871-1949
　　　Mary K.　　　　　　　　　　　　　　　1870-1924

JOHNS, William　　　　　　　　　　　　　　　1875-1903

JONES, Cora E.　　　　　　　　　　　　　　　1892-1918

　　　Francis P.　　　　　　　　　　　　　　1906-1990
　　　Mabel E.　　　　　　　　　　　　　　　1906-1991

　　　Philip E.　　　　　　　　　　　　　　　1885-1951
　　　Celia V.　　　　　　　　　　　　　　　1885-1978

　　　Homer L.　　　　　　　　　　　　　　　1914-

KAUFMAN, Josiah J.　　　　　　　　　　　　　1862-1945
　　　Mary A.　　　　　　　　　　　　　　　1868-1931

　　　Levi H.　　　　　　　　　　　　　　　　1863-1941

　　　Noah H.　　　　　　　　　　　　　　　1865-1954
　　　Katie　(NOON)　　　　　　　　　　　　1870-1960

　　　Walter J.　　　　　　　　　　　　　　　1903-1960
　　　Infant Son　　　　　　　　　　　　　　b/d- 19JAN1925

KEAFER, Catherine　(GINDLESPERGER)　　　　　06SEP1832-11APR1907

　　　Matilda　　　　　　　　　　　　　　　　1870-1961

KEAFER, Valentine   1875-1961
        Elizabeth   1873-1961

        William   1877-1961
        Annie   (BERKEY)   1878-1930
        Lulu G. (2nd Wife)   1890-1966

KELLAR, Frank G.   1883-1952
        Lucinda   (ALWINE)   1872-1939
        Dorothy Jane   13FEB1910-26AUG1968
        Paul S.   07MAY1912-31MAY1912

KELLER, Elizabeth   1905-1954

        Frank   (s/o William S)   d-11FEB1875 ag-5-0-25
        Mary L.   (d/o William S)   d-1877 ag-3-0-18

        Harry   1877-1944
        Elsie   1887-1957

        Ruben   09SEP1854-01JAN1934
        Catherine   (STEGMAN)   06SEP1857-26AUG1934
        George   1887-1912
        Foster   14JUL1894-19OCT1951

KELLEY, Harry M.   1877-1967
        Ida M.   1885-1956

        Infant   (d/o W & M)   1929-1929

        Irvin H.   1880-1959
        Rebecca R.   1880-1952

        J. Forest   17NOV1906-16OCT1987
        Jennie E.   01AUG1913-12JUN1980

        John H.   1892-1969
        Sarah J.   1892-1946

        John W.   1851-1935
        Mary   (MILLER)   1850-1929

        John W.   1930-1953

KELLEY, Wilson   1887-1934

KEMERER, Henry D.   1883-1963
    Ethel F.   1889-1932
    Myrtle I.   1910-1911

KEPHART, Lucinda   1841-1921

KHURI, Mike Hanna   24MAR1884-27NOV1938

KIMMEL, Oliver B.   1879-1958
    Goldie V.   1890-1956
    John B.   1927-1931

KISSELL, Dora   (w/o Roy)   16JAN1902-22AUG1950

KOCSAN, Alex   1883-1966
    Barbara   1883-1942

KOONTZ, Hueston   1894-1967   *WW1*
    Hazel L.   1894-

    Len   1926-1972   *WW2*
    Dorothy E.   1927-1986

KRUG, William A.   1879-1957
    Verda C.   1883-1975

KYLER, Robert C.   1892-1943
    Rose G.   1893-1938
    Martha Jane   1921-1961
    David D.   1928-1975   *WW2*

LANE, Sarah Cedosia   (MOWERY)   1869-1949

LAPE, Austin L.   1860-1949
    Elizabeth M.   (ZIMMERMAN)   1868-1963

    Benjamin   1847-1917
    Mary   (MIER)   1865-1942
    Emma Jane   16DEC1886-24OCT1888
    Benjamin Franklin   13AUG1890-13AUG1909
    Bertha May   06FEB1892-22JAN1897

LAPE, John H. (s/o Benjamin & Mary)	09JUN1894-31DEC1968
Ralph Ernest (s/o B & M)	18JUL1900-18JUL1900
George Locus (s/o B & M)	05NOV1903-25JAN1905
Henry	15AUG1841-04FEB1909 **GAR**
Annie (MANGUS)	1844-1932
	1868 - 27 OCT 1896 *(ADAM s/o Henry & Annie)*
	MAY 1879 - 13 NOV 1907 *(WILLIAM s/o Henry & Annie)*
Herman Wesley	1874-1932
Mary Ellen (GLESSNER)	1878-1927
LAYTON, Anna E.	12FEB1893-22DEC1987
Marie	1923-1939
Mervin Gary	11MAR1938-04JUN1939
LEGO, Raymond Gilbert	1897-1979
Marion June	1901-1982
Thomas A.	1872-1939
Bertha R.	1878-1951
LEHMAN, Percy W.	1890-1967
Elsie A.	1904-1991
Terrie Jean	b/d- 15APR1952
LIAS, Julia I. (HOWARD)	1904-1989
LIVINGSTON, Edmund M.	1867-1933
Minnie J.	1866-1955
William E.	1891-1891
Alfred T. (s/o EM & MJ)	1894-1896
George	1877-1954
Mame	1873-1972
Nannie	1905-1905
Verda	1907-1907
George E.	1892-1969 **WW1**
Ida Lauretta (HUFF)	1903-1988
Donald W.	1935-1937
Ruby Nell	1937-1938

(CORRECTION BY BRIAN VOL V P 181)

LIVINGSTON, Herman W.   05APR1890-08JAN1953   **WW1**
    Caroline   (SAYLOR)   01JAN1894-15OCT1926

    Jacob W.   1869-1941
    Minnie   (GARDNER)   1872-1951
    Charles   No Dates
    Robert   No Dates
    Melda   No Dates
    Sarah   No Dates

    Jane   1865-1938

    Leonard   17NOV1908-07DEC1969
    Charlotte V.   27JAN1921-

    Lloyd   18NOV1891-20MAR1971
    Martha Helen   27MAR1892-28AUG1940
    Hazel   (2nd Wife)   09JAN1906-18OCT1989

    Mary   (w/o Moses J.)   d-08APR1888   ag-39-2-18
    Kate   13DEC1870-26OCT1889
    Rachel   13JAN1875-27OCT1895
    Infant   05JUL1887-17FEB1888
    Infant   d-MAY1898   ag-?

    Mary Amanda   (ALLEN)   (w/o Wm. L)   1843-1921
    Rebecca Jane   1865-1938
    William H.   1872-1883

    William J.   1861-1941
    Elizabeth   (KEAFER)   1868-1945

LONGWELL, John M.   1848-1929
    Lide A.   1860-1946
    William   1883-1887
    Lou   (Daughter)   1890-1970
    McKinley H.   1898-1904

LUSE, Malcolm A.   1880-1932
    Melda   (STRONG)   1882-1936

MacEWAN, John	1870-1953
Mary H.	1872-1948
Marian M.	1897-1925
Daniel B.	1900-1950
Anna A.	1902-1906
Duncan	13JUN1905-21AUG1905
McCLINTOCK, Arthur S.	1907-1990
Anne R.	1912-1976
Winfield Scott	1879-1957
Sarah S.	1878-1942
Charles K.	11APR1914-10JUL1914
George R.	03OCT1920-08OCT1920
McGRAW, Edward T.	1877-1963
Anna E.	1879-1955
James E., Sr.	30JAN1903-12OCT1985
Violet I.	02JUN1908-13DEC1973
James E., Jr.	15JAN1928-17OCT1990
Patricia A.	17JAN1940-
McKNIGHT, James L.	1861-1948
Rhetta S.	1865-1918
Susan L.	05APR1887-21NOV1910
MALLORY, Harry R.	1901-
M. Minerva	1908-
MANGES, Jacob	d-03JUL1879 ag-83-0-17
Elizabeth (SPEICHER)	d-27OCT1885 ag-85-5-18
MARDIS, John E.	1913-1964
Luella M.	1914-
MARSH, Weldon W.	29OCT1912-26DEC1967 ***WW2***
MEIER, William Bruce	1920-1921
MELOWN, Samuel	1862-1950

MERRITTS, Lewis D.   1894-1951   *WW1*
    Rose E.   1906-1991
    Dallas H.   1931-1935

    Raymond P.   21DEC1960-17SEP1961

MILLER, Alpha Retta (CROYLE) (w/o Henry Albert)   10APR1872-17JUN1916

    Charles C.   1883-1918
    Lillie Belle (GINDLESPERGER)   1879-1963
    Irene   1909-1925
    Flora   JAN1917-SEP1917
    Florence   JAN1917-SEP1917

    Christopher   No Stone
    Nancy (MISHLER)   24APR1853-28OCT1904

    Donald Eugene   b/d- 31JUL1932
    Baby   b/d- 19NOV1942

    Elijah H.   1871-1951
    Amanda (GARDNER)   1877-1966
    John Henry   1895-1895
    Infant   1896-1897
    Infant   1919-1919

    Elmer C.   1892-1940   *WW1*
    Mabel V.   1900-1978

    Elmer R.   1884-1942
    Catherine (MISHLER)   1882-1932

    Emanuel K.   25SEP1852-19APR1923
    Mahala (GARDNER)   28AUG1857-27SEP1937
    Minnie M.   12JUL1876-02DEC1933
    John Emanuel   02JAN1878-02JAN1878
    Roy Earl   28JAN1891-07MAR1891
    Vernie Opal   22JAN1892-13DEC1892
    Olive Iola   09MAR1899-31DEC1899

    Lucy P.   1883-1912
    Margaret L.   1906-1908
    Ethel M.   1908-1910

MILLER, M. Edith (d/o Lucy)	1908-1909	
Martin L.	1879-1948	
Margaret M.	1879-1950	
Earl F.	1907-1976	
Betty Lou	1923-1945	
Solomon K.	07OCT1854-03JUN1933	
Mary (HEIPLE)	23NOV1852-13FEB1915	
Charles E.	17SEP1881-03NOV1904	
Robert E.	19MAR1891-20JAN1969	
MILLS, Anna F.	11OCT1910-02OCT1987	
MILTENBERGER, Norma Jean	25JUN1933-26JAN1938	
MISHLER, Allen	1866-1943	
Mary (MILLER)	1873-1948	
Margaret Jane	27JUN1908-13NOV1908	
Helen Elizabeth	b/d- 29DEC1914	
Christian	d-09APR1890 ag-57	
Mary (GINDLESPERGER)	d-18MAY1903 ag-64	
Harry	1895-1951	
Irene	1902-1975	
John J.	1883-1960	
Helen A.	1897-1979	
Nelson	1869-1956	
Henrietta	1863-1936	
Noah	1847-1918	**GAR**
Susan (CABLE)	1847-1908	
RALPH	23 FEB 1883 - 9 JUN 1924 NO STONE	
Rachel	22MAY1851-24AUG1936	
Robert M.	1890-1946	**WW1**
Stephen	1878-26NOV1918	
Pauline (LIVINGSTON)	25NOV1885-13NOV1966	
Glenn J.	1911-1911	

[Handwritten note: CORRECTION BY BRIAN VOL VIII P 259]

MISHLER, William J.	1895-1925	
Izora B.	1896-1957	
MOORE, Barton Leslie	1927-1930	
J. Darwin	1866-1940	***SP-AM***
MONTGOMERY, Wilmer Todd	1878-1941	
Minnie Dale (SPEICHER)	1882-1963	
MOWERY, W. Harry	1865-1937	
Ella B.	1866-1947	
Earl W.	1886-1919	
Chester D.	1888-1954	
MURPHY, Arthur J.	1917-1990	***WW2***
Walene K.	1916-1971	
Howard E.	1884-1931	
Hilda A.E. (SCHMIDT)	1888-1924	
Eunice May	06SEP1912-16JUL1924	
MURRAY, Harvey M.	1887-1960	
Sella B.	1890-1935	
MYERS, Andell P.	1956-1960	
NELSON, Andrew	1865-1937	
Emilie	1865-1938	
NEVERGOLD, Ollie M.	01OCT1886-15MAY1955	
NEWCOMER, James A., Sr.	04MAY1932-05JAN1985	
Geraldine P. (SHAFFER)	12APR1924-03SEP1987	
Catherine P.	1957-1957	
NOON, Charles	1895-1953	
Harriet	1884-1974	
John W.	10JUN1843-14JUL1921	
Annie (MILLER)	15JAN1843-04MAR1923	

NOON, Samuel	1872-1961
Anna B.	1872-1951
OBER, Frank L.	15FEB1911-
Helen M.	23APR1915-02JUN1989
Harry E.	22MAY1904-23AUG1967
Blodwen (ELLIS)	01DEC1908-16SEP1995
Infant Daughter	b/d- 14JUL1928
Infant Daughter	b/d- 28MAR1929
Infant Daughter	1932-1932
John C.	1877-1964
Sara A.	1874-1953
PALMER, Frank L.	1872-1958
Rachel E.	1872-1957
PEARCE, Richard H.	1883-1954
Cora B.	1884-1972
Grace	d-22FEB1935 ag-35d
PFEIL, Mary (HERSHBERGER) (w/o Emanuel)	1869-1926
PURDY, Hazel M. (w/o PJ)	1897-1926
REAM, Albert L.	1857-1930
Christiana (THOMAS)	1862-1899
Edward S.	1884-1969
Alonzo J.	28MAR1898-07DEC1945 ***WW1***
Ethel A.	15APR1895-28JAN1919
Daniel	1834-1914
Sally (REAM)	1830-1908
Emanuel J.	d-28AUG1902 ag-60-3-16 ***GAR***
Maria (HOWARD)	1843-1932
Simon H.	1863-1906
Mary R.	1876-1905
Jacob W.	1839-1890 ***GAR***
Mary E.	1842-1928

REAM, Barbara   (d/o Jacob & Mary)   1875-1878
    Harvey   (s/o Jacob & Mary)   1879-1882

    Kinter   1879-1948
    Mary   (NOON)   1874-1949

    Rachel   (UMBARN)   (w/o David)   23MAR1804-01JUN1874

CORRECTION BY BRIAN VOL VI P 151

    Samuel   d-24AUG1912 ag-83   **GAR**
    ANNA NANCY (FLEEGLE)   *15NOV1908 AGE 74-7-2 NO STONE*

    Verna   1900-1946

    William J.   1877-1944
    Flora B.   (LIVINGSTON)   1881-1949
    Ruth E.   27DEC1912-12AUG1984

REED, James E.   1875-1953
    Esther   1879-1960

RIEGHARD, Donald F.   1913-1978
    Laura L.   1925-
    Infant Son   b/d- 18SEP1956

    James   1875-1943
    Martha   (MISHLER)   1874-1926
    William   1908-1909
    Clarence   1916-1916

    Sylvester   18OCT1862-09FEB1948
    Anna B.   28JUL1857-21JAN1927

    William   1874-1955
    Della J.   1871-1907

RHODES, Samuel H.   1870-1947
    Emma C.   1876-1943

RINEHART, Kenneth S.   1909-1973
    Elsie M.   1907-1973

RISH, Sarah   (GREEN)   17MAY1847-25NOV1918

ROBINSON, Eugene C.   1904-1954

ROBINSON, Ivan L.	1911-1948
ROSEMAN, Forest	1894-1946
Grace	1889-1954
George	1854-1940
Anna (BLOUGH)	1854-1929
George M.	05JAN1919-17JUN1942
Jonathan	1864-1960
Louisa (CROYLE)	1866-1938
Clyde M.	18SEP1890-08FEB1892
Freda G.	14JUL1895-22SEP1980
Frank W.	08DEC1898-26DEC1968
Willard C.	1925-1925
Lois Jean	04JUL1931-17DEC1933
ROUNSLEY, Curtis O.	1909-1974
Della B.	1915-1991
ROWE, Lawrence H.	1909-1991
Zelma M.	1911-1978
RUMMEL, Elmer F.	1881-1954
Annie (NOON)	1881-1942
Viola M.	1902-1981
Harry E.	1917-1917
Samuel C.	30JAN1876-27JAN1904
William H.	1873-1960
Mary C. (BEEGHLEY)	1878-1966
Infant Son	1909-1909
Infant Son	1912-1912

SAURO, Alfonso	1900-1973	***WW1***
Edith M.	1902-1964	

SAYLOR, David H.	1880-1949
Sarah	1877-1946

SAYLOR, Lawrence   1863-1949
    Laura J.   12APR1866-09FEB1904
    Sarah (YOUNG) (2nd Wife)   1879-1958
    Charles I.   12NOV1883-21JUN1905
    James E.   22MAR1890-02MAY1909
    George   1898-1963

    Levi   1871-1932
    Catherine   1873-1952
    Arthur E.   1901-1981

    Walter E.   1900-1945
    Bessie R.   d-1994
    Walter E., Jr.   27JUL1922-11APR1927
    William Eugene   03JUL1924-01NOV1924
    Richard Paul   b/d- 26APR1925

SCHELLHAMMER, Walter C.   1906-1981
    Margaret   1908-1986

SCHILLINGER, Phillip A.   18NOV1946-08SEP1947

SCHMIERMUND, Adam S.   1872-1941
    Minnie   1874-1959

SELL, George   16AUG1821-07OCT1905   **_GAR_**
    Mary (KNUPP)   d-07JUN1866 ag-33
    Mary J.   d-22JAN1899 ag-42
    John   1852-1946

    George W.   1875-1956

    Grant William   31JAN1865-11OCT1945
    Margaret F. (BLOUGH)   11NOV1878-30MAY1964

SHAFFER, Curtis E.   1893-1976
    Ella A.   1897-

    Emmett   1883-1938
    Livy   1883-1953

    Fannie   1874-1961

SHAFFER, Homer F.	1897-1972	**_WW1_**
Lila C.	1898-1980	
John W.	1870-1943	
Etta	1884-1975	
SHARP, William	1909-1940	
SHATTS, Harry C.	1896-1967	
Mary A.	1892-1953	
SLAGLE, Merle C.	1898-1953	
Elsie P.	1906-1984	
Merle C., Jr.	1923-1923	
Nettie P.	1862-1926	
SLOAN, John	1864-1937	
Annie (GARDNER)	1865-1929	
Walter J.	29MAY1900-23JAN1925	
SMALL, Arnold W.	1904-1935	
Annie R.	1906-1927	
SMITH, Lawrence (s/o E & SJ)	d-04FEB1881 ag-2-10-21	
Paul N.	1918-	
Edith E.	1920-1974	
Alan Ray	1954-1975	
Virginia L. (TRAIL)	30AUG1908-27JUL1992	
SPECK, Albert O.	1916-	
Helen A.	1921-1982	
Morton B.	1901-1952	
Samuel H.	1863-1926	
Emma E. (BERKLEY)	1874-1946	
Samuel E.	1903-1909	
Norman W.	1905-1909	
Harry B.	1908-1937	

SPEICHER, Samuel	d-27DEC1893 ag-78-11-2?	
Mary A.	21DEC1849-03APR1900	
Simon W.	1884-1961	
STAUFFER, Robert E.	1914-1974	**WW2**
Catherine M.	1918-1985	
Walter R.	04JUN1908-13JUN1947	
William H.	1854-1922	
Rebecca Ann	1863-1952	
Lauretta	1904-1956	
STEWART, Jack M.	13MAR1914-10JAN1991	**WW2**
Mary C.	08MAY1916-19AUG1991	
STINE, Percy L.	1904-1986	
Doris A.	1905-1978	
STOPPE, Robert	1875-1944	
Clara	1879-1960	
Max	12AUG1916-06APR1920	
STOUFFER, Benjamin A.	1893-1965	
Gertrude L.	1896-1962	
Charles E.	1915-1971	**WW2**
THOMAS, Elsie May	06OCT1906-17MAR1973	
Elvin	1891-1959	
Eve (MILLER) (w/o George)	20MAY1832-08JAN1909	
George B.	1888-1971	
Emma V.	1891-1961	
Russell	1913-1913	
Frances A.	1916-1936	
Harrison H.	21SEP1857-28AUG1945	
Margaret (KEAFER)	08SEP1863-20DEC1937	
Minnie Bertha	27MAY1880-14SEP1951	
Stella Edith	d-17APR1900 ag-0-0-4	

THOMAS, Iras Clare   (d/o George H. & Clara)   07MAY1900-06DEC1919
    Infant   (s/o George H. & Clara)   b/d- 04DEC1902

    Leland M.   1894-1957   *WW1*

    Milton M.   1865-1937
    Mary A.   (KEAFER)   1867-1951
    Edna   1911-1915
    Alta   14MAR1903-09MAR1993

    Ray M.   1898-1957   *WW1*

    Vernie   1905-1965

    Walter M.   1901-1963
    Orpha L.   1896-1968
    Infant Son   b/d- 11MAY1924

TONDORA, Vernie   (w/o Max)   1891-1923

TRAIL, Charles N.   1865-1956
    Elizabeth M.   1872-1963
    Lawrence   1899-1950

TREXEL, Ellen   (HERSHBERGER)   (w/o Otterman A.)   1876-1920

UNKNOWN: 4 Graves relocated from the Samuel W. Blough Farm

WAGNER, Dr. Jay V.   1882-1963
    Molly B.   1884-1978

    John H.   1885-1939
    Alice K.   1886-1945

WALKER, James J.   1884-1938
    Edith May   (BLOUGH)   19JAN1889-23OCT1911

WEAVER, Walter   1873-1955
    Lola   1900-1931
    Guy   1905-1941

WEBB, Gary Clarke   05SEP1947-06SEP1947

WEIGHTMAN, Ralph L.	1869-1925	
WEILAND, Estelle (FOUST)	1900-1980	
WELLHAUSEN, Charles	1901-1974	
Florence	1904-	
WHERRY, Diana R. (LINK)	02SEP1945-12JUN1968	
Thomas I.	1915-1952	**_WW2_**
Marlene F.	1944-1952	
Charles T.	1949-1952	
WILLIAMS, Adam C.	26JUL1865-22JUN1904	
Margaret J.	14SEP1860-09AUG1905	
Edward C.	1883-1925	
Nellie	1887-1961	
George P.	12AUG1887-17JUN1966	
Bertha M.	28MAY1891-24SEP1986	
Nickolas	14MAR1853-16DEC1911	
Caroline	28JAN1838-04JUL1907	
Emeline Hellen	d-23DEC1890 ag-19-5-8	
WILSON, Wallace L.	1923-1969	**_K_**
Barbara A.	1942-	
WIRICK, Ephraim	07APR1876-18JUL1951	
Anna Dora (GRIFFITH)	24JAN1874-26FEB1951	
WISNER, Gertrude Idella (PEER) (w/o Harry M.)	16SEP1898-25JUN1933	
WITHERITE, Frank R.	1904-1986	
Esther K.	1907-1956	
WITT, James E.	10OCT1870-22DEC1920	
Ellen Jane	23MAR1873-21DEC1924	
Clarina	14AUG1908-20FEB1930	
WOODSIDE, Todd C.	1889-1922	
Mamie	1895-1922	

WYNN, Edgeworth	1892-1977	**_WW1_**
Arvilla (MILLER) (Married: 27NOV1940)	1900-1985	
YINGLING, August Otto (s/o O & S)	d-18JUL1897 ag-1-11-1	
Edward T.	1884-1925	
Mary	1884-19__	
YODER, William H.	1875-1955	
Ellen	1881-1966	
YOUNG, Dorsey	1890-1964	**_WW1_**
Irma	1906-1953	
Alice May	1930-1934	
Ewalt	1857-1929	
Rachel (CUSTER)	1852-1931	
Amanda	1878-1952	
Grant F.	1868-1954	
Blanche S.	1869-1920	
Carrie A. (2nd Wife)	1865-1933	
Joseph	1863-1923	
Sadie	1869-1950	
YULE, David S.	25NOV1914-	
Dorothy M.	08JUN1915-17SEP1983	
YUTZEY, Edward E.	1884-1960	
Laura M.	1888-1943	
Walter E.	1909-1941	
ZUBROD, Donald R.	30OCT1929-26AUG1972	**_K_**

NOTE: There are several worn, broken and unreadable. There are a large number of unmarked graves, also. An effort is currently underway to try and locate all of the names of the people buried there by looking through all of the past obituaries. The cemetery is also overgrown.

04/03/94

BEULAH UNITED METHODIST CEMETERY

Located along Beulah Road (SR 4004), in Lincoln Township, Somerset County, PA, 250 yards off of US Route 219 North.

ARDEN, Arthur	1906-1973	
Leora C.	1905-1983	
Betty M.	1930-1990	
BARRON, Floyd M.	1910-1982	
Mary E.	1914-1962	
BERKEY, Harold B.	13SEP1916-21SEP1966	**_WW2_**
Dorothy I.	1920-1981	
William	1882-1941	
Lillian	1883-1955	
BIGNOTTI, Angelo	20AUG1881-08NOV1918	
BITTNER, Marlyn G.	1902-1965	
Madie A.	1904-1976	
BRANT, Harvey	26FEB1877-29JUN1957	
Elizabeth (1st Wife)	1882-1925	
Sadie (2nd Wife)	27JUN1896-09JAN1973	
Jacob H.	1902-1916	
John E.	1871-1933	
Alice R.	1866-1939	
Park S.	1892-1951	**_WW1_**
Leland G.	1935-1992	**_K_**
Paul W.	14APR1900-13DEC1978	
Mary C.	16OCT1904-03DEC1973	
Timothy J.	1956-1971	
Wilbert M.	11MAY1906-28OCT1992	
Ethel M.	20NOV1909-28JAN1986	
John C.	03JUN1933-22AUG1948	

CHARLTON, Rev. Samuel E.	16MAY1927-20DEC1989	**WW2**
Betty Jane	23MAY1930-	
Mary J.	02JAN1947-14MAR1947	
Stanley Vincent	25NOV1949-14OCT1992	
CLARK, Thomas P.	1894-1966	**WW1**
Laura M.	1882-1965	
Infant (d/o H & C)	1911-1911	
CRAMER, Albert B.	21OCT1923-07OCT1973	**WW2**
Mary C. (Married: 24FEB1952)	13SEP1933-	
Harold L.	1954-1970	
Clay R.	03JUL1929-	
Genevieve	22JUL1930-	
Clyde T., Sr.	21NOV1934-12APR1981	**K**
Cyrus C.	1885-1970	
Kathryn C. (OGLINE)	1878-1946	
Elmer J.	18MAR1917-19APR1980	
Martha I.	02FEB1915-16MAY1991	
Ernest	1903-1959	**WW2**
Lucy	14JAN1908-07FEB1992	
James Robert	21JUL1951-20OCT1953	
Harry W. } s/o TILDEN IRA &	02JUN1901-05JUN1972	
Marie } MINNIE A. (OGLINE)	1933-1968	
Paul } CRAMER - P 34	1919-1962	
Irvin C.	20AUG1913-05FEB1976	
Elizabeth M. (EMERT)	No Dates	
Patricia M.	No Dates	
Jacob E.	1908-1976	
Margaret M.	1916-1986	
Louise	1964-1964	

CORRECTION BY BRIAN VOL IX P 271

CORRECTION BY BRIAN VOL IX P 271

CRAMER, Tilden IRA	1879-1941
Minnie A. (OGLINE)	1883-1951
Annie B.	d-13DEC1910 ag-0-5-15
Clay R.	01MAY1921-13OCT1922
CROWE, Brian C.	30JAN1972-06FEB1972
CUNNINGHAM, Charles	1884-1954
DICKSON, Walter W.	1883-1914
Rachel A.	1887-1932
Mary Catherine	24OCT1907-25AUG1909
DOWNS/DAUNS, George W.	15NOV1852-20JUN1917
DUNMEYER, Charles E.	15JUL1918-24APR1986 **WW2**
Mary P. (OGLINE)	28SEP1906-10DEC1965
Harvey F.	1890-1942
Herman A.	1861-1942
PAUL M.	13JUN1920-20JUL1994
Lillian ETTA (SINGO)	~~No Dates~~ 08JUN1925-24MAR1994
ROBERT EUGENE	1955-1956
Lillian V.	26AUG1923-13NOV1923
Matilda A.	08AUG1869-18DEC1923
DURST, Henry W.	21MAY1874-15DEC1909
Howard D., Sr.	1898-1961
Edna M.	1902-1965
Howard D., Jr.	28JUN1922-07FEB1983 **WW2**
EMERT, Donald H.	03JAN1918-28AUG1983
Hazel Mae (MOORE)	15AUG1917-
Esther Janet	b/d- 04MAY1947
Edward Ellsworth	1893-1965
Mayme Catherine (BRANT)	1894-1968
Margaret A.	18JAN1915-06MAR1916
Elbert E.	10MAY1917-05AUG1918

CORRECTION BY BRIAN VOL IX P 272

EMERT, Earl J.   (s/o EE & MC) 06MAY1918-08OCT1918

    Eli C. 27DEC1865-09NOV1943
    Sarah C.   (MOORE) 12MAR1861-16AUG1920

    Harrison E. 1862-1923
    Sarah E.   (CRAMER) 1868-1938

    Howard W. 16JAN1920-22JUL1984
    Lottie G.   (SLICKERMAN) 17JAN1921-

    Nathan R. 13NOV1909-09SEP1942

    Norman H. 24SEP1894-08JUL1968   **_WW1_**
    Florence   (MILLER)   (1st Wife) 1899-1934
    Estella J.   (MOORE)   (2nd Wife) 1919-1961
    Earl Elwood 20MAY1927-23JUN1947
    Norman H., Jr. 1929-1929

    Richard W. 27AUG1924-26JUN1989   **_WW2_**
    Daisy M.   (REIBER) 27AUG1925-

    Robert Elwood 26MAR1923-26MAR1969
    Melba Elizabeth   (STAHL) 13JUL1925-

    Rose Ann   (CRAMER) No Dates

    William A. 23NOV1887-02JUN1944
    Minnie M.   (HOFFMAN) 12MAR1891-25SEP1920

    William H. 1891-1979
    Jennie Edna   (MILLER) 1895-1972

ENOS, Alexander 22MAY1838-27JAN1910   **_GAR_**
    Catherine 05JUN1859-20OCT1906

    Charles E. 1885-1960
    Mary Ellen 1887-1932
    Glenn W. 1920-1944
    Margaret M.Z. No Dates

    William B. 28DEC1879-08MAR1959

EPPLEY, Madie E.	16APR1922-07JAN1957
EVERETTS, Timmy L.	20SEP1961-19MAY1984
GALE, Edgar A.	12NOV1870-27JUN1913
HAMER, Carl W.	07JAN1938-09JUL1990
Betty G. (Married: 18JUL1959)	28APR1935-
HANSEN, Charles R.	1887-1956
Elva R.	1902-1975
Rinard D.	12AUG1923-21JUL1969 **_WW2_**
William E.	1925-1925
HEIPLE, Roy, Sr.	1903-1971
Ida M.	1906-1974
HETZER, Albert A.	1885-1969
Daisy E.	1886-1962
Ferman Alven	28MAY1915-25FEB1917
Edward F.	21JAN1911-22MAY1985
Angeline (HOFFMAN)	18MAY1915-04FEB1990
Jacob C.	1888-1964
Nellie M.	1891-1963
Earl E.	1920-1936
Jacob R., Sr.	1919-1972 **_WW2_**
Ethel B.	1918-
James L.	08APR1932-09NOV1952 **_K_**
Paul C.	21APR1916-31JAN1955 **_WW2_**
Ray William	17MAR1922-19JUL1963 **_WW2_**
HOSTETLER, Melda	1892-1924
HOWARD, Abraham L.	18NOV1844-05MAY1907 **_GAR_**
Catherine (STERN)	d-26JUL1904 ag-56-11-16
KOVAL, Dustin Ryan	19JAN1989-16APR1989

KOVAL, Frank	01SEP1929-15JUL1982	**_K_**
Peggy A.	09SEP1937-	

LOHR, Harry A.	1904-1972
Erma M.	1914-1974
Patricia Ann	b/d- 09FEB1945
Dennis J.	19AUG1952-26JUN1976

McGREGOR, Donald Lynn — 09SEP1972-20DEC1972

McVICKER, Walter F. — 20MAY1905-23MAR1952

MAXWELL, Charles E.	1895-1933
Linnie M. (OGLINE)	1898-1991
Judy Ann	06JAN1966-08JAN1966

MAZZALENI, Joseph — d-11NOV1918

MILLER, Glenn D.	29JUL1928-30NOV1989	**_K_**
Mary L.	13SEP1931-	
Jessica (d/o William & Darlene)	b/d- 17JUN1981	
Rayman E.	03DEC1897-16AUG1973	
Marian E.	01SEP1913-	

MOORE, Harry Kimmel	03NOV1899-17JUN1967	**_WW1_**
Mary Roberta (SHAULIS)	18JAN1903-16MAR1961	
Charles L.	04JAN1927-25JUL1975	

MORRIS, Harold J., Sr.	18DEC1913-
Anna B.	22NOV1911-
Harold J., Jr.	b/d- 05JUL1950

MOWERY, Archibald A.	1919-1965	**_WW2_**
Edyth M.	1915-	

MYERS, John D.	1898-1963
Erva F.	1901-1968

OGLINE, Edward John — 21AUG1963-16APR1969

OGLINE, Edward K. 1906-1991
    Margaret E. 1908-

    John E. 03OCT1903-03MAR1992
    Marian M. (BITTNER) (Married: 12FEB1925) 12JUL1904-

    Henry 28DEC1861-28OCT1938

    Lloyd R. 1909-1964
    Hazel F. 1905-

    Mabel 1922-1922

    Michael A. 1889-1959
    Lillian 1889-1940
    Leroy Robert 14DEC1920-28JUN1943 **_WW2_**
    Grace 1924-1925

    Paul Robert 01AUG1911-24FEB1976
    Verda Belle (LOHR) 27DEC1911-20JUL1988

    Philip Henry 1872-1940
    Joanna (KIMMEL) 1875-1942
    Billy Jay d-09MAR1931 ag-0-0-20
    Olive Pearl 10FEB1902-
    Dorothy P. 14AUG1913-10SEP1913

    Vivian E. 21SEP1940-18OCT1940

PRIGGINS, Justin Michael 03MAY1987-20JUN1987

QUEER, Ray F. 1915-
    Betty M. 1920-1965

RECKNER, Connie Ann 20OCT1949-22DEC1949

SACHS, John A. 1876-1946
    Anna M. (DURST) 1877-1968

SAKSEK, Frank S. 1890-1931

SARVER, Clarence E. 1901-1971
    Elsie M. 1911-1967

SARVER, Dwight	06MAY1929-	
Irene M.	11SEP1931-	
Kenneth J.	01JUL1936-01MAR1982	
Thomas L.	JAN1959-SEP1959	
Infant Daughter	1975-1975	
Mary A.	1900-1938	
SCHULLER, Grover C.	10OCT1912-21NOV1991	**WW2**
Dorothy P.	20DEC1919-	
SHAFFER, Dwight K.	06NOV1924-	
Twila G. (Married: 03APR1948)	16JAN1928-07MAY1986	
Edmund R.	1850-1939	
Anna	1854-1930	
Howard A.	1920-1953	**WW2**
Violet P.	1926-1991	
Ralph D.	1898-1948	
Marie M.	1900-1959	
SHAULIS, Bessie M. (CRAMER)	1924-1980	
James B.	1941-1941	
Clarence, Sr.	1912-1970	
Bessie M. (EMMERT)	1918-1977	
✓ Earl James	15DEC1919-15JUN1993	
✓ Anna Louise (HAVENER)	13MAR1920-	
Baby	b/d- 22FEB1956	
Esther Sue	b/d- 09NOV1965	
✓ George L.	1880-1949	
Minnie E.	1883-1978	
Donald E.	1943-1946	
✓ Harry A.	1886-1957	
Helen G. (BAUMGARDNER)	15SEP1899-19APR1974	

SHAULIS, Josiah L.   24OCT1845-08DEC1920
    Sarah A. (McKINNEY)   03MAY1852-16MAR1922

    Mae G.   1914-1956

    Nevin A.   1889-1971
    Goldie V.   1893-1981
    Merle C.   05NOV1917-13DEC1917
    Harry J.   1919-1919
    Rosella   1921-1921
    Mary A.   1924-1924

    Norman   1925-1980
    Martha   1930-

    Norman L.   14JUL1896-08AUG1972
    Carrie G.   03DEC1900-30APR1977

    Owen M.   06APR1907-25JUL1992
    Margaret   (1st Wife)   1905-1928
    Marian R.   (2nd Wife)   12JAN1923-09JAN1977
    Remilda C.   11OCT1926-30OCT1926
    Mary G.   24AUG1943-

    Wilbert H.   1909-1978
    Evelyn M.   1913-1988

    William H.   1890-1955
    Lissie P.   1897-1970

SHOWMAN, Lloyd E.   1907-1972

SIPE, Sadie (OGLINE) (w/o Benjamin Warren)   10JUL1893-03APR1913
    (Benjamin was killed in a mine accident in 1914 in Acosta)

SLICKERMAN, George Peter   30OCT1914-11JAN1988 **_WW2 & K_**

SNYDER, Clarence L.   1899-1987
    Elizabeth H. (OGLINE)   1900-1980
    Leroy   d-02JUL1920

    Jay Luther   (s/o EL & PF)   20MAY1948-26MAY1948

SNYDER, John C.	1895-1936	***WW1***
Lloyd M.	d-1984	***WW1***
Ethel G.	1907-1986	
STERN, Charles W.	1870-1963	
Charles W.	27JUL1918-01NOV1988	***WW2***
Mary C.	10SEP1918-	
Clarence	No Dates	***SP-AM***
Kate	01APR1848-14MAY1889	
Harry F.	30MAR1893-10JUN1980	
Howard	1916-1972	***WW2***
Christine	1911-1972	
Jacob J.	25AUG1842-23MAR1938	***GAR***
Kate (WILL)	01APR1848-14MAY1889	
Lawrence A.	1910-1978	
Carrie C. (HARKCOM)	1920-1992	
Moses J.	1851-1925	
Agnes	d-1925	
Nevin E.	1889-1954	
Elizabeth M.	1896-1982	
Noah H.	15SEP1851-28FEB1916	
Annie C.	03MAY1867-28AUG1950	
Park L.	1887-1961	
Catherine I.	1882-1970	
Albert M.	1910-1910	
Robert I.	1882-1953	
Catherine I. (HOWARD)	1884-1978	
WADDING, Ronald K., Jr.	24JUL1975-28AUG1975	

WILLIAMS, Howard F.	1897-1975
Laura R.	1898-1965
Howard F., Jr.	1922-1922
Elwood	1923-1967
Charles C.	1924-1935
Paul S.	1934-1934
WINGARD, John E.	05SEP1905-13JUN1970 **_WW2_**
Mabel M.	12FEB1910-12NOV1949
ZAMBANINI, Dale	04JUN1947-04SEP1971 _V_
ZIMMERMAN, Ross B.	1884-1970
Nancy B. (HOWARD)	1887-1962

NOTE: Also several unmarked stones, including a veteran from the Spanish-American War.

06/04/94

BROTHERTON PIKE BRETHREN CEMETERY

Located just east of Brotherton, along PA Route 31 at the junction with Shanksville Road (SR 1005), in Stonycreek Twp., Somerset County, PA.

ABRAMOWICH, Thadeus C.	1964-1985
ARISMAN, Elizabeth B.	d-26JUN1897 ag-64-7-15
ARMSTRONG, Ida B.	13DEC1877-28FEB1954
BAER, Darwin E.	14DEC1927-13SEP1986
Velma M.	19MAY1932-09NOV1984
John	07JUL1787-05FEB1868
John S.	d-22OCT1875 ag-24-6-21
Rose Ann (d/o J & A)	d-31MAY1889 ag-17-6-5
Solomon J.	1827-1885
Agnes L.	1828-1915

BAER, Sylvester F.	1886-1968	
Cora C.	1889-1971	
Howard W.	29JAN1910-12APR1910	
BARRY, James	1895-1977	**_WW2_**
Elsie	1899-1990	
BAUERMASTER, Claude R.	1891-1970	
Orpha C.	1903-1951	
Edward	20MAY1865-26JAN1960	
Missouri G.	06JUL1864-05MAR1909	
Jane	1934-1983	
BEEGHLY, A.J.	30MAY1872-03JUL1954	
Cora M.	14APR1876-20APR1948	
Floyd F.	1897-1964	**_WW1_**
April M.	1897-1983	
BEEGHLY, Owen M.	30JUN1900-25APR1986	
Emma Leora (MOSTOLLER)	18MAY1905-11MAY1982	
Leo M.	02JUN1927-28FEB1986	
May Marie	25AUG1930-11MAR1931	
BEEMAN, Raymond M.	31AUG1923-20JAN1982	**_WW2_**
Irene	05OCT1925-03JAN1983	
William G.	1891-1967	
Laura L.	1893-1957	
William J.	29JAN1922-17JUN1979	
Emma J.	15SEP1924-	
Billie	18JUL1935-12JAN1946	
BERKHEIMER, Irvin	1878-1963	
Clara B.	1878-1958	
BERKLEY, Glenn J.	22MAR1920-25DEC1989	
April May (RHODAMER)	30APR1924-	

BERKLEY, Israel S. 15APR1847-12OCT1922
    Lydia A. 25FEB1850-28NOV1910

    Perry R. 27APR1908-29APR1983
    Margaret J. 29DEC1912-

    Samuel S. 1883-1949
    Emma J. 1883-1938

BETHEL, Grace E. 14SEP1921-

BLAUCH, John J. 10OCT1837-07JUL1913
    Dinah (WALKER) 08JAN1837-07NOV1910
    Lizzie Unreadable

BLOUGH, David J. 1846-1930
    Mary (REIMAN) 1846-1912

    Emanuel 01MAY1834-21OCT1917
    Catherine (SCHROCK) 15JAN1851-29DEC1922

BOWMAN, Lawrence A. 1892-1987
    Bessie S. 1895-1989
    Dorothy Mae 22FEB1927-26FEB1927

BOWSER, Freeman H. 05JAN1917-07SEP1986   ***WW2***

BOYD, Charles G. 1889-1918

BRANT, Albert R. 1881-1926
    Elnora E. (VOGEL) 1892-1967

    Clarence 26DEC1914-30SEP1994
    Ferne (BARRON)

    George C. 1881-1969
    Hattie E. 1886-1940
    Lloyd E. 25DEC1907-23SEP1977

    George Jay JUN1947-NOV1962
    Larry W. JAN1949-AUG1981

    Guy W. 1922-1944

BRANT, Lloyd E.	25DEC1907-23SEP1977
Samuel L.	01SEP1925-12OCT1925
Infant	Unreadable
BUECHLY, John Harvey	d-19JUN1877 ag-15-7-5
Tobias	1832-1880
Lydia (BLOUGH)	1840-1926
CAMERON, Forrest E.	1920-1989
Lois R.	1923-1985
Infant Daughter	b/d- 26SEP1946
Infant Son	b/d- 25AUG1950
CARMANY, Catherine A.	04OCT1857-07JAN1925
CASEBEER, Fleming	13MAY1913-06APR1989
Nora Elizabeth (HOFFMAN)	29AUG1916-
CHONKO, Joseph A.	17MAR1909-25APR1987
Pauline	13SEP1916-21FEB1992
CLARK, Harry F.	1884-1957
Myldred D.	1900-1978
COBER, Alexander	d-08MAR1908 ag-73-3-27
COLEMAN, Emma S.	29OCT1886-27JUL1912
Lincoln L.	1862-1929
Lizzie C.	1866-1905
Infant Son	b/d- 28MAY1897
COTTER, Carl M.	09SEP1912-
Grace E.	15FEB1913-02NOV1975
DARR, Fred Smith	03NOV1905-30JAN1973
Gladys Idona (KNEPPER)	03AUG1906-01JAN1982
DEEM, Clyde W.	03MAY1923-17MAR1990
Mary E.	06FEB1920-

DENNER, Charles L.	1887-1936
Elizabeth A.	1881-1932
DICKEY, S. Boyd	18MAR1907-29JAN1986
DONNER, Benjamin J.	22JAN1912-
Ferne J.	21JUN1912-31AUG1991
DUGAN, Samuel P.	1859-1942
Mary A.	1859-1942
FISHER, Alexander	1873-1956
Lulu A.	1873-1957
John W.	28JUL1913-01JUN1974 *WW2*
Joseph	1827-1914
Susan	1829-1916
Ralph E.	28APR1910-10JUL1991 *WW2*
FOUST, Leroy H.	1910-
Sarah E.	1906-1987
Infant Daughter	1931-1931
Infant Son	b/d- 11MAY1931
FRITZ, Floyd R.	06FEB1920-
Betty LaVerne (LEHMAN)	31JUL1923-12FEB1989
Melvin J.	18JUN1908-23APR1983
Mary E.	10AUG1920-27NOV1986
Deborah K.	16DEC1952-11AUG1974
HAMPE, Lloyd C.	1916- *WW2*
Pauline J. (RENNER)	1926-1989
HARKCOM, Ray W.	16SEP1898-08SEP1975
Leora M.	04NOV1905-17SEP1971
Eugene	1931-1931
Myrtle M.	1926-1935
HAY, Gaye Zenola	1905-1937

HAY, Scott Allan	01DEC1966-26JUL1987
HEIPLE, Elizabeth	1908-1984
HEIST, Clark J.	17MAY1927-
Shirley R.	20JUN1932-24APR1980
HEMMINGER, Susan E.	1874-1941
HOFFMAN, Clayton John	18SEP1888-06MAR1971
Myrtle B. (SEVITS)	09OCT1892-02JUN1973
Floyd Sevits	23NOV1902-09FEB1976
Edith G. (LEASE)	24MAR1902-
Harrison	23APR1889-1967
Edna May (SAYLOR)	25MAY1900-1938
Henry Howard	19FEB1880-1937
Ida G. (RAIL)	1875-1955
Philip A.	17JUL1853-06OCT1901
Rosy Ann (YODER)	06FEB1859-29APR1924
James E.	d-03AUG1900 ag-21-7-26
Mary E.	d-30SEP1890 ag-0-11-8
HOOK, Uriah	1870-1951
HOSS, Simon H.	d-03MAR1883 ag-49-8-11
HOSTETLER, Josiah	1868-1951
Harriet	1869-1945
Merle Eugene	1898-1932
F. Pearl	1900-1966
HOUSE, Sadie	d-30JUL1895 ag-20-5-10
KABINA, Steve	1907-
Martha M.	1908-1976
Bertha Malinda	1932-1932
Edward R.	1931-1950 *K*
John L.	1929-1992 *K & V*

KELLER, Casper	d-10MAR1885 ag-76-7-25
Sally (SHANK)	d-11APR1870 ag-55-1-11
Isabella (w/o Daniel)	1847-1900
KIMMEL, Daniel	1829-1902
Emaline	1829-1916
Jacob O.	04JAN1853-30APR1910
Mary	17JAN1859-10AUG1946
KNEPPER, Alvin Reiman	14SEP1881-26JAN1957
Susan Mary (MEYERS)	01MAR1882-27NOV1956
Clarence Jacob	10JUL1905-06MAR1964
Naomi (YOUNKIN)	
Emanuel L.	22MAR1865-16FEB1939
Emma D. (SCHROCK)	03NOV1865-26OCT1952
Eugene J.	19NOV1889-20MAY1964
Margaret Grace (COLEMAN)	1889-04MAR1952
Homer R.	01SEP1876-29SEP1944
Laura Jennie (SHOBER)	1875-MAY1944
Edna Susan	16JAN1903-17OCT1903
Elwood S.	d-29AUG1913 ag-13-6-18
Jacob Meyers	19OCT1851-24APR1928
Susan (REIMAN)	12MAR1852-03MAY1918
John R.	17MAR1913-28FEB1968
Carrie L. (BARRON)	06SEP1913-07FEB1977
Lewis J.	29NOV1819-06APR1885
Elizabeth (WALKER)	19JAN1846-06MAR1926
Henry Alvin	No Dates
Levi	No Dates
Infant Son	No Dates
Lewis Schrock	11SEP1889-02SEP1962
Grace Hay (BERKLEY)	1888-1967
Elizabeth	30SEP1917-12OCT1918

KNEPPER, Wayne B.   (s/o Lewis & Grace)   d-15APR1915   ag-0-0-1

    Meyers E.   05DEC1903-1983
    Olive P.   (SCHROCK)   17JUL1906-1978
    Mary Alice   16JAN1930-23JAN1930
    Rachel Ann   29JAN1929-21MAR1929

    Norman
    Eileen   (MAY)   02FEB1937-20FEB1993

    William M.   d-17SEP1891   ag-36-1-0
    Emma A.   No Dates

LaBUTE, Daniel J.   1907-1971

LANDIS, Leroy C.   07AUG1932-21OCT1973

LEHMAN, Eldon L.   1915-1972
    Mary J.   1911-1982

    Harold Kenneth   19DEC1911-31OCT1990
    Dorothy E.   17JUL1915-

    Peter S.   1883-1936
    Verda G.   1889-1968
    Arthur G.   1908-1928
    Blanche L.   1921-1921
    Burton B.   1924-1924
    Clarence G.   1907-1924

    Robert W.   1886-1946
    Mayme B.   1890-1949
    Leila Ferne   1927-1927
    John E.   1915-1921

    Ross H.   22JAN1886-23FEB1967
    Annie Bell   (HOFFMAN)   02SEP1890-19JUL1977
    Earl Dean   1913-1913
    Irving Floyd   1921-1921

    Sarah   (w/o V)   d-13OCT1915   ag-61-7-1

LEHMAN, Uriah S.	1871-1956
Lizzie B.	1873-1952
William M.	1876-1946
Gertrude M.	1887-1915
Blanche Locone	05AUG1911-14APR1914
LIBERTY, George	22NOV1850-16JUN1934
Ellen	15MAY1850-21JUN1901
James M.	1873-1956
Susan	1877-1955
James M., Jr.	1915-1939
William Franklin	10SEP1894-11MAR1930
LONG, Oliver J.	27DEC1847-21AUG1929
Sarah A.	20MAY1851-14AUG1937
MARTEN, Infant (d/o DG & Lottie)	No Dates
MARTENS, John H.	28FEB1830-07SEP1924 ***GAR***
Mary (BRENISER)	17SEP1826-24APR1897
MAUST, Bernice (SCHROCK)	09APR1912-20OCT1945
David	12OCT1945-13OCT1945
MAY, Dennis W.	1953-1982
James M., Sr.	1920-1979 ***WW2***
Wilson Robert	27MAY1915-11JUL1981
Allegra M. (HOLSOPPLE)	22NOV1917-20MAR1955
MIEDEL, Kevin Shane	14APR1962-23AUG1981
MILLER, Abraham	1851-1930
Sevilla	1852-1931
Melissa Ann	19SEP1977-21JAN1984
Perry U.	1847-1916
Elizabeth (WALKER)	1847-1938

MILLER, Raymond O.   19FEB1910-
    Ruth A.   08FEB1914-
    Cloyd P.   27APR1945-04MAY1945

    Roxy Lena   21SEP1938-25SEP1973

MOSGRAVE, Charles G.   1865-1941
    Susan   (RINGLER)   1873-1961
    Oscar K.   1894-1918   **_WW1_**

    Charles P.   1883-1941
    Margaret I.   1887-1940

    Chauncey L.   1863-1935
    Cora O.   1895-1935

    Earl R.   1895-1973   **_WW1_**
    Emma J.   1898-1973
    Harold H.   1935-1935

    Henry J.   d-29SEP1895   ag-68-5-6
    Mattie   d-30MAY1909   ag-80-2-13

    Jacob L.   1856-1944
    Mary E.   1861-1941
    Hilton B.   27JUL1892-1946   **_WW1_**
    Howard A.   27JUL1892-09APR1911
    Ira J.   25OCT1889-08MAR1911

MOSHOLDER, Kenneth L.   23FEB1912-21AUG1989
    Dorothy I.   09FEB1914-

MOSTOLLER, Allen P.   1870-1956
    Emma S.   1869-1959

    Harvey Newton   1874-1933
    Jenny Idella   (HOFFMAN)   17MAR1877-13MAY1967

MURPHY, Andrew J.   d-26JUL1856   ag-27-6-0

PECK, John E.   1877-1966
    Lillie M.   1896-1968

PETERSON, William F.	01MAY1863-29SEP1930
Sadie	08JUL1870-13SEP1967
PHILLIPI, Albert	1854-1890
Catherine	1858-1930
PIELL, Kenneth S.	1926-1975
Dorothy M.	1924-
Jonathan Leroy (s/o R & P)	b/d- 10DEC1976
PLATT, Galen S.	1888-1966
Minnie M.	1892-1976
Ralph Galen	1920-1935
Gary Wayne	06MAY1958-15APR1963
Glenn A.	10OCT1918-
Ursula L.	16MAR1924-
Jacob	07JAN1891-04MAR1979
Elsie M.	17MAR1894-17JUN1975
PLETCHER, Nelson	1869-1949
Emma J. (HAUGER)	1867-1941
PRITTS, Ross E.	1906-1974
Anna Z.	1914-1988
PUGH, Edward L.	1862-1952
Rebecca S.	1862-1938
RAYMAN, Charles F.	10MAR1842-04FEB1898 ***GAR***
Elizabeth	1838-1900
John P.	1867-1933
Minnie M.	1876-1955
Richard M.	18MAR1910-08APR1988
E. Mae	02APR1917-
RAYMAN, Theodore	1865-1941
Annie	1866-1942

RAYMAN, U.F.   08MAR1852-01MAY1928

    William C.   d-24MAR1897 ag-73-7-28
    Sarah   d-05FEB1904 ag-86-3-26

REIMAN, Clair M.   12SEP1927-
    Mary Jane   30JAN1930-
    Gerald M.   02MAY1968-

    Clarence Earl   29JUL1892-1978
    Blanche (KNEPPER) (1st Wife)   21NOV1897-02JUL1952
    Mary (THOMAS) (2nd Wife)   26OCT1905-1977

    Elbert M.   01SEP1907-16AUG1953
    Frances P. (ENGLE)   1909-
    Elizabeth G.   19AUG1927-20FEB1928

    George Schrock   27APR1878-16NOV1945
    Emma E. (WALKER)   11FEB1880-27DEC1979

    Jacob   01JU1813-16FEB1891
    Elizabeth (FIKE)   23NOV1817-20JUN1889
    Moses   d-06MAR1870 ag-1-7-28
    Tobias   d-02JAN1862 ag-16-5-14

    Jacob C.   21SEP1880-29OCT1959
    Annie E. (KNEPPER) (1st Wife)   1883-1924
    Emma (PECK) (2nd Wife)   10APR1880-21DEC1971
    Floyd A.   10AUG1909-17SEP1912
    Howard K.   1906-1921

    Jeremiah J.   26JUN1854-17SEP1933
    Rebecca (SCHROCK)   06APR1853-23JUL1932

    Paul Leroy   22JUL1913-10FEB1983
    Emma Christine (WILL)   10DEC1917-

    Samuel F.   27MAR1842-17FEB1897
    Rebecca (SCHROCK)   16FEB1842-26MAR1924

    Sarah (d/o W & S)   d-22NOV1875 ag-17-11-0
    Henry (s/o W & S)   d-23MAR1873 ag-29-7-29

RHOADS, Frank   10AUG1901-26AUG1964
    Anna M.   22JAN1894-05FEB1948
    Franklin   b/d- 06OCT1936

    H.Q.   1892-1967
    Rosy M.   (LYBERGER)   1893-1979

    Harry N.   02OCT1929-20APR1973
    Anna C.   16JUL1931-

RHODAMER, Charles W.   1893-1973
    Linnie P.   1894-1979
    Lloyd J.   1927-1927

    Lori Ann   (d/o L & F)   b/d- 31OCT1959

RIGGS, Charles A.   1863-1912
    Lizzie M.   1866-19__

RODAMER, Bertha E.   30JAN1882-27MAY1951
    Cordie E.   d-1959

SARVER, Elmer R.   1911-1992
    Elsie M.   (ZERFOSS)   1907-1971

    Harry E.   01FEB1902-07SEP1984
    Lottie M.   05MAY1897-05JUN1975

SAXMAN, Edwin F.   15AUG1915-31JUL1991
    Irene   (WALKER)   21JUL1915-

SAYLOR, Earl B.   1902-1947
    Leora E.   (KNEPPER)   1905-1985
    Jerald   b/d- 24FEB1926

    John G.   1910-1971
    Margaretta   1906-1935

SCHROCK, Daniel S.   1862-1933
    Alice C.   (WALKER)   1864-19__

SCHROCK, David   d-10NOV1898   ag-71-2-17
    Susannah   (MUSSER)   (1st Wife)   d-11NOV1863   ag-37-10-28
    Rachel   (2nd Wife)   d-04NOV1914   ag-78-8-7

    George   d-26JAN1894   ag-77-9-4
    Susannah   (MUSSER)   (1st Wife)   d-07FEB1865   ag-46-3-29
    Sarah   (2nd Wife)   d-13SEP1896   ag-72-4-12

    Harvey   1862-1945
    Lizzie   (1st Wife)   1862-1884
    Susan A.   (2nd Wife)   1866-1947

    Jacob C.   25DEC1812-26SEP1887
    Catherine   (HORNER)   d-03DEC1891   ag-76-2-12

    Joseph   d-24APR1879   ag-66-5-13
    Catherine   (MILLER)   d-23DEC1893   ag-81-0-23

    John J.   1873-1947
    Maggie B.   1874-1964

    Kellar P.   1902-1980
    Pearl B.   1906-1968

    Lizzie   (w/o Harvey)   d-31OCT1884   ag-22-1-23

    Theodore   1880-1931
    Annie E.   1891-1952

    William G.   1840-1929
    Rebecca   (WALKER)   1838-1915

SEVITS, J. Webster   1900-1971
    Katie B.   1896-1982
    Roy   b/d- 25JAN1922
    Ruth E.   26OCT1925-31JUL19134

SHAFFER, Clara Grace   (w/o JJ)   27APR1875-07DEC1913

    Hubert G.   1909-1988
    Emma G.   (ZERFOSS)   1912-1972
    Infant Daughter   b/d- JAN1946

SHAFFER, Sharon Ann	b/d- 22OCT1970

SHANK, Robert P.	03AUG1919-
    Esther M.	18JAN1926-20JUN1980

SHAULIS, Alexander	1860-1940
    Sarah	1864-1948
    Theodore	1903-1923

    Daniel W.	1891-1966
    Mabel M.	1904-1991

    Harry W.	1885-1965
    Ellen	1874-1947
    Infant	Unreadable

    Logan	10MAY1884-02OCT1909

    Moses Y.	1901-1969
    Amy C.	1905-1978

    Randy E.	b/d- 08MAY1957

SHOBER, Marling M.	1890-1964
    Nellie Edith (LANDIS)	1888-1977

    Samuel Ulysus	07APR1853-27MAR1919
    Sarah Ellen (KIMMEL)	19SEP1855-08JAN1938

SHUNK, Charlie O.	27APR1921-16JUN1982

    Francis R.	1862-1929
    Matilda S.	1863-1948
    Elmer M.	03OCT1895-11FEB1976

    Kelly DeLynn	b/d- 24AUG1967

SIVITS, John L.	1859-1939
    Ida S.	1863-1923

SMITH, Charles	01APR1885-31AUG1972
    Jennie G.	25FEB1888-21NOV1971
    Maria A.	26MAY1909-19JUL1990

SMITH, George H. 1894-1927
    Nannie P. 1900-1969

SPANGLER, James 1870-1932
    Mary M. 1876-1948

    Samuel J. 1906-1973
    Hazel M. 1911-

STAHL, Daniel Eugene 03MAR1963-12MAY1985

    William P. 1901-1950
    Mildred A. 1905-1989

STUTZMAN, Barry W. 1951-1972

    Bruce N. 1902-1989
    Nellie L. (ZERFOSS) 1904-1975
    Vernon 1931-1936

SWANK, Clarence 1929-
    Hazel 1931-

TARTARELLI, Gustave 1911-1979
    Mary E. 1916-1984

TRENT, Allen 1868-1929
    Norma 1876-1948
    James 19AUG1898-28NOV1971

    Harold M. 06JUL1913-01MAY1980
    Florence R. 18NOV1916-

    Irvin 11DEC1899-04MAY1975
    Viola G. 04JUN1902-16MAY1986
    Donald D. 08MAY1939-
    Fred 24APR1937-04MAY1938
    Lewis P. b/d- 14NOV1921
    Ralph I. 10MAY1926-16JAN1930
    Ruth J. 20NOV1932-27AUG1984

    Robert Ray 03JAN1950-03DEC1988

TRENT, William E., Jr.   09NOV1970-27AUG1990

TRIMPEY, John P.   1881-1950
    Opal I.   1903-
    J. Eldon   1934-1937
    J. Kenneth   b/d- 26MAR1926
    Johnny   28MAR1943-28NOV1943

WALKER, Charles E.   29NOV1876-1962
    Rosie A. (WALKER)   30DEC1878-18NOV1947
    C. Irene   d-27MAR1904 ag-0-0-24

    Charles Ray   18MAR1920-08SEP1980
    Margaret E.   10APR1918-

    Clayton E.   15APR1906-1982
    Margaret (SHAFFER)   1906-1991

    Cyrus H.   1841-1905
    Elizabeth (SCHROCK)   1843-1921

    Daniel H.   05JUN1850-12MAY1920
    Mary Ann (KNEPPER) (1st Wife)   09JUN1850-15JUN1883
    Ella R. (KNEPPER) (2nd Wife)   12MAR1860-31AUG1929

    Daniel P.   d-25DEC1885 ag-76-9-29
    Elizabeth (HORNER)   d-21AUG1891 ag-78-4-17

    Elmer Miller   15JAN1868-11AUG1951
    Emma B. (LEHMAN)   04AUG1869-20NOV1919

    Ephraim C.   1847-1919
    Sarah K.   1847-1913

    Ernest S.   06MAR1912-09JAN1973
    Mabel V. (DEAM)   30OCT1916-06NOV1984

    Frank M.   29NOV1876-03JUN1957
    Emma (SCHROCK)   20SEP1872-04MAR1958

    Howard M.   01AUG1879-1959
    Cora B. (SUDER)   17JAN1879-04NOV1952
    Evelyn Marie   21MAR1907-

WALKER, John	1864-1932
Sarah A.	1866-1919
Leland F.	29FEB1916-08JAN1986
Mary Ann (DEAM)	14FEB1921-
Miller L.	02AUG1875-20OCT1944
Kate M. (WALKER)	1877-1931
Myrl J.	08APR1885-20NOV1917
Ada (BOWMAN)	1886-1975
Myrtle M.	1883-1963
W. Jay	27AUG1908-19APR1958
Mary R. (HAY)	06JUN1910-1957
Lynn C.	1929-1930
W. Ray	03FEB1915-
Mary E.	29MAR1928-07MAY1981
William H.	12SEP1845-18JUN1923
Hanna V. (MILLER)	27JUN1848-05SEP1931
WATKINS, Ralph J.	21MAY1900-04JAN1969
Lucy Victoria (HOFFMAN)	08JUN1898-15JAN1973
Sarah Jane	11MAY1930-18MAY1930
Noreen M.	1928-1961
Infant (d/o Harry)	b/d- 27MAR1947
WELLINGTON, Ray E.	25MAY1913-17NOV1980
Vera L.	15MAR1928-
Kenneth F.	08FEB1946-01OCT1987
WENTZ, Janice E.	09DEC1959-03AUG1962
WEYAND, Michael	d-05MAY1900 ag-70-7-21
Sarah	d-29SEP1904 ag-70-10-17
WILL, Evelyn G.	1908-1931

WILL, Perry H.   18APR1903-24DEC1987
    Rachel P. (SPEICHER)   15OCT1915-20JAN1989

WILLIAMSON, Carl G.   1905-1971
      Lottie M.   1912-
      Kenneth A.   06MAR1935-20MAR1992

WINTERS, John B.   1887-1957
     Mabel M. (WALKER)   1883-1982
     Myrtle M.   1905-1975

     Lillian   1898-1918

WISLER, Clara A.   1912-1974
    Donald R.   1933-1988

YODER, Cyrus A.   1873-1954
    Cora M.   1879-1932
    Howard J.   28MAR1901-18NOV1901

    Emma S. (w/o HG)   d-13DEC1899   ag-26-9-10

    George E.   15JUN1926-
    Ida R.   15NOV1927-

    Moses   1838-07SEP1911
    Caroline (CARVER)   1837-25JUL1920

YOUNG, Leroy C.   1903-1978
    Ida Marie   1907-1978

ZEIGLER, Charles W.   19OCT1899-19MAR1965
    Hattie E.   27JUN1894-17SEP1971
    Emma G.   03JUN1919-25APR1927

ZERFOSS, Henry E.   1874-1950
    Della (PUGH)   1880-1938

    Henry Earle   23DEC1918-03JUL1962   ***WW2***
    Frances   1912-1974

NOTE: There are also several worn and unreadable stones.   **12/25/92**

BROWN CEMETERY

Located in Jackson Township, Cambria Co., PA. From Adams Toad (TR 419) make the turn onto Lyle Street (TR 425) which is a dead-end street. At the end of the street the cemetery is on the left side of the road.

BOMBACH, Mary   b/d- 10JUN1921

BROWN, Herman J.   08AUG1900-08AUG1901

    John S.   d-02MAY1874   ag-67-3-19
    Jordin   (s/o J & E)   d-08FEB1842   ag-9m
    Elizabeth   (d/o J & E)   d-10DEC1838   ag-3-1-10

    John W.   06JUL1877-22SEP1903

    Samuel   29JAN1882-12AUG1901

BURKHART, Charlotte   (d/o L & C)   d-21APR1847   ag-0-0-21

       Ephraim   d-19JUL1872   ag-25   ***GAR***

       Mary C.   (d/o Joseph & F)   d-11JAN1861   ag-3-7-10
       Phebe   (d/o Joseph & F)   d-11JAN1861   ag-2-0-8

       Samuel   d-11AUG1865   ag-29-8-20   ***GAR***

BYERS, Rachel   (1st w/o William)   d-16MAY1859   ag-37-10-20
    Barbara A.   (d/o William & Rachel)   d-19JUL1856   ag-1y
    Thomas Elias   (s/o William & Isabella)   d-25APR1879   ag-6y
    Infant   (d/o William & Isabella)   No Dates

DEVLIN, Daniel   1856-1924
    Mary J.   1856-1937
    Michael W.   1882-1940

FORD, Mary C.   (d/o G & K)   d-26MAR1866   ag-0-2-16

FUNK, Henry   31MAY1830-21MAR1908   ***GAR***
    Liddie   14AUG1826-23APR1863

    Rebecca   d-06JUN1910   ag-82-8-21

FUNK, Susannah   (w/o Joseph)   d-08APR1869   ag-67-11-23

GILLEN?, Lawrence W.   (s/o J)   17MAY1880-02JUN1887

LEIDY, Samuel   d-11AUG1893   ag-69-0-17   **_GAR_**
    Sarah   d-24JUN1863   ag-39-1-25

    Infant   (s/o D & E)   d-01OCT1885   ag-0-4-9

SHAFFER, John S.   (s/o S & MA)   d-25SEP1873   ag-3-14-25

NOTE: There are about 15 unmarked fieldstones, two of which have GAR flagholders. The cemetery is overgrown and the stones are very worn. According to local residents, there are many more unmarked graves.

07/27/97

DALEY FARM CEMETERY

Located in Shade Twp., Somerset County, PA near the village of Daley. From Daley, take Lambert Mountain Road (SR 1035) north from Daley up the hill to the parking area for the State Game Lands. Across the road from the parking area is a dirt trail that is gated off leading up to the top of the mountain. The plot is about 1/4 mile up the path and is on the left.

DALY, John   d-05JAN1887   ag-72
    Franklin   (s/o J & E)   Aged 5yrs
    Catharine   (d/o J & E)   d-28MAR1853   ag-1-8-0
    Peter   (s/o J & E)   Aged 1mo.

12/10/98

DALEY CEMETERY

Located near the junction of State Route 1035 and Fleegle Road, in the village of Daley, in Shade Twp., Somerset Co., PA. This was also once known as the Potts Cemetery.

ANDERSON, William, Sr.	1907-1981
Mary H.	1916-
John R.	21APR1936-08NOV1993
BAHORIK, John	14NOV1909-05OCT1981
Anna	29APR1908-16MAR1972
BALOUGH, John	1911-1959
BARNDT, Alice M.	1906-1968
BARRON, Belle C.	1914-1980
BECKER, Dayton L.	21NOV1939-15OCT1998
Betty Louise (BOYER)	
BENCE, Adam	No Dates **_GAR_**
Ann	d-08FEB1896 ag-70-7-27
George	d-29JUL1912 ag-54-10-5
Annie M.	d-12FEB1889 ag-32-11-22
BENDER, Benjamin F.	d-02MAR1897 ag-74-1-26 **_GAR_**
Sarah	d-20MAY1905 ag-81-6-6
BERKEBILE, Lowell B.	1903-1957
BLOOM, Edward J.	1907-1967
Margaret E.	1910-
BOWERS, Lawrence H.	1935-
Patricia (LLOYD)	1935-1992
BRACKEN, Milford	1908-1987
Gladys	1915-
BROOKS, Howard G., Sr.	13FEB1918-
Marian E. (MANGES)	26JAN1919-19AUG1991

BROOKS, Twin Infants	b/d- 05DEC1953	
Jon Tyson	b/d- 10OCT1956	
Howard G., Jr.	18DEC1959-01MAR1985	
BURKET, Christopher	1747-1841	**_REV_**
Mary (ROSS)	1754-1851	
George W. (s/o John & Catherine)	d-16MAR1872 ag-1-3-22	
Israel	20APR1816-24DEC1866	**_GAR_**
BURKHOLDER, Ralph E.	15JAN1904-07FEB1970	
Hazel R.	23MAR1908-25MAR1986	
CARVER, Floyd A.	29OCT1912-21FEB1986	**_WW2_**
Kathryn E.	12DEC1910-22DEC1992	
Orville H.	1914-1973	
Dorothy M. (GINDLESPERGER)	1918-1995	
CONTRILLO, James	1921-1994	**_WW2_**
Michael	1923-1993	**_WW2_**
COOK, Joseph J.	01NOV1919-13JUN1986	
Eva	01JAN1921-	
CRISSEY, Infant (s/o JW & MA)	d-04JUL1894 ag-0-9-29	
Kirby Lee, Jr.	21MAY1965-12MAR1994	
CROYL, John	d-21JUN1880 ag-84-7-13	
Catharine	d-22APR1871? ag-68-8-5?	
CROYLE, Christopher J.	19JUL1970-09FEB1982	
CUSTER, Elmer R.	1899-1973	
Mary L.	1905-1962	
Robert E.	1933-1989	**_K_**
Angie C.	1932-	

CUSTER, Willis Grant, Sr.   1904-1965   **_WW2_**
     Genevieve (MECK)   1907-1982

     Willis Grant, Jr.   24SEP1934-03MAY1994
     Delores Fay (BURKHOLDER)

DALEY, Barbara Jean (w/o Donald E.)   1954-1988

     Luella D.   21FEB1909-08OCT1992

     Stanley Hope   29AUG1924-16OCT1992
     Elsie Rae (HUNTER)   13JUL1922-13JAN1988
     Donald E.   21JUN1953-06AUG1998

DALY, Harry E.   1901-1938
     Jennie (LAMBERT)   1904-1983

     Henry W.   d-02APR1899   ag-35-0-8
     Eleanor W.   1866-1950
     Willie   d-23APR1889   ag-2-8-10
     John   1890-1923   **_WW1_**

     Joseph   No Dates
     Florence   No Dates

DEANER, J. Calvin (s/o JC & HM)   24JAN1914-26SEP1914

DETWEILER, Maurice M.   1894-1976
       Celia B.   1896-1971

EDMISTON, George H.   1875-1942
       Cora R.   1879-1969
       Goldie M.   15MAY1900-12AUG1900

EMMEL, Laura (MANGES) (w/o Joseph TROXELL)   04APR1885-08DEC1939

FELIX, Ella B.   1875-1949

FELTON, John   1844-1918
     Maria   1849-1924
     Ory C.   09AUG1877-21MAR1974
     Eliza J.   d-08DEC1890   ag-15-4-2
     Bertha M.   d-11JAN1889   ag-0-3-21

FELTON, Solomon   d-02FEB1893 ag-36-2-29

FIGMICK, Michael, Jr.   No Dates
    Catherine   1921-1986

    Michael, J.   1893-1965   *__WW1__*
    Jennie B.   10DEC1905-13FEB1979
    Twila Grace   1925-1926

FLEEGLE, Chauncey   d-27MAR1894 ag-39-4-23
    Julia A.   1843-1891

    Dennis M.   1901-1970
    Flora L.   1905-1959
    Vernon D.   b/d- 28AUG1933

    Doris Cassat   27DEC1941-15JAN1974
    Linda May   13MAY1949-23JAN1977
    Robert Dwight   1952-1953

    Elizabeth   01MAR1900-06APR1981

    Ewalt   30DEC1856-11FEB1926
    Margaret A. (BENDER)   22JAN1861-25SEP1924

    Grant   1912-1983
    Florence   1920-

    Infant (s/o Harry & Nora)   b/d- 31DEC1940

    Howard W.   1881-1963
    Mattie C. (LING)   1883-1967
    Ruby A.   d-04APR1907 ag-1-3-3
    Wilber L.   1910-
    Alma V.   1918-1992

    Irvin B.   1883-1963
    Mary J. (PEBLEY)   1892-1963

    Lawrence   1908-
    Thelma E. (MANGES)   28FEB1912-11SEP1994
    Infant Daughter   1939-1939

FLEEGLE, Lloyd	25APR1916-27JUN1986	**_WW2_**
Grace E. (RILEY) (Married: 27AUG1949)	18OCT1920-04MAR1995	
Lori Ann	31JUL1962-22SEP1963	
Lowman	1898-1951	
Sarah	1900-1956	
Merle E.	06SEP1905-12NOV1982	
Lorna M.	11FEB1910-11JUL1981	
Norman	29JAN1863-30NOV1930	
Catherine (McKINNEY)	23APR1876-08JUN1942	
Clara	b/d- 28MAR1915	
Ellen	d-APR1901	
Samuel	22AUG1929-14NOV1914	
Sarah (LAMBERT)	10FEB1833-07OCT1901	
Uriah D.	28MAY1921-04MAY1974	
Frances A.	10OCT1926-	
Victor S.	15JAN1910-27SEP1984	
Margaret M.	02JUL1914-17MAR1955	
David W.	09AUG1940-11APR1943	
W. Henry	1896-1972	**_WW1_**
Lula C.	1896-1968	
Wilbur L.	1910-	
Alma V.	1918-1992	
William	d-08APR1926 ag-65-3-21	
Rebecca	d-31OCT1923 ag-62-10-25	
Alma B.	1919-1919	
Robert W.	1920-1920	
Alice L.	1921-1921	
Kathryn R.	1923-1923	
George W.	1925-1925	
FOSTER, Joseph M.	1907-1976	**_WW2_**
Olive C. (MANGES)	1912-1985	

FRAZIER, George	01AUG1878-25DEC1913
Infant (d/o George & Laura)	b/d- 10FEB1907
GAGE, Col. George W., Jr.	29FEB1904-29APR1994
Louise (McCORMICK)	24OCT1902-30JUL1989
GAHAGEN, Harry D.	1916-1977
Pearl I.	1923-
GAUDRY, Frederick J.	04SEP1926-06SEP1984 *K*
Evelyn L.	24OCT1902-30JUL1989
GIBBONS, Kathleen M. (STAUFFER)	11JUN1969-17NOV1989
GORDON, Ardell J.	11APR1917-
Ruth E. (LANDIS)	11NOV1917-20AUG1994
Jacob D.	1863-1936
Mary Ellen (SHAFFER)	1868-1928
Lloyd	1894-1949
Binnie Ethel (MANGES)	1892-1980
Shelah L. (NUNAMAKER)	1914-
GRIFFITH, Annie	1888-1958
GROVE, John	d-24JAN1880 ag-84-7-13
Catherine	d-23APR1871 ag-68-8-5
Tobias	d-12SEP1897 ag-70-3-1
HINER, Delbert D.	08FEB1922-26DEC1992
HITECHEW, Arthur F.	1894-1981
Mary A.	1893-1955
William H.	19NOV1885-11AUG1971
Clara E. (GORDON)	28JUL1889-05MAR1915
HOOK, Helen Marie	24JUN1959-10JUN1960
HOSTETLER, Scott Allen	b/d- 24FEB1981

HUSTON, Lou	1890-1976
Beulah	1896-1987
Eugene	25MAY1917-
IRWIN, Ellis J.	1882-1949
Naomi G.	1890-1949
KEOUGH, Emma C.	1862-1888
KING, Lois Jean	06JUN1941-12APR1973
KISER, Richard Merle	1931-1931
Kimberly Lynn	1960-1960
KLONISKY, Joseph F.	1912-1971 **_WW2_**
Helen M.	No Dates
KOCH, Henry F.	21JUN1924-01NOV1990
Elma L.	03DEC1925-
KRING, Marvin P.	No Dates
Nancy K.	No Dates
Karen Rae	21DEC1960-30JUN1984
KUZINA, Vaune Raye	26JUL1939-09JUN1985
KUZUPAS, James	14OCT1944-10MAY1982
LAMBERT, Casper	1871-1939
Margaret (HAINES)	1878-1952
Oscar	26FEB1913-17JUN1979
David C.	d-27NOV1917 ag-80-6-6 **_GAR_**
Mary Magdalena (GROVE)	d-15JUN1906 ag-72-10-5
Susan C.	d-31OCT1884 ag-24-6-20
Henry J.	d-03DEC1868 ag-3-11-13
John M.	d-18NOV1863 ag-5-8-18
Peter	d-14MAR1874 ag-0-7-21
Irvin (s/o JC & C)	d-13DEC1887 ag-20-7-5
Orin (s/o JC & C)	d-25APR1902 ag-21-10-0

LAMBERT, Louis E.	04JUL1906-	**_WW2_**
Creda E. (NOON)	24JAN1909-08NOV1986	
Monroe V.	1911-1964	
Norma A.	1907-1982	
LANDIS, H. Jack	25NOV1929-11MAY1987	**_K_**
J. Dolly	17FEB1932-	
Rayford C.	13JUL1921-14JAN1986	**_WW2_**
Mary Ellen	23APR1924-	
LANEY, Laurence	1927-1984	
Rosemary Elizabeth	1927-1989	
LEHMAN, David A.	1874-1948	
Amanda V.	1881-1945	
Uriah S.	1875-1958	
Nora E. (MANGES)	1872-1950	
Elma T.	d-26FEB1900 ag-3-8-0	
LEMICK, Eli	1918-1993	
LEVAR, Emil R.	09APR1918-12JUL1998	**_WW2_**
Margaret (BALOG)	01MAY1921-	
LING, Glenn E.	1905-1964	
Stella	1906-1987	
J. Walter	1872-1966	
Mary E. (FLEEGLE)	1877-1950	
John Kenneth	07JUN1922-	**_WW2_**
Helen Margaretta (ROSE) (Married: 19JUN1942)	24JAN1924-18NOV1992	
Lowell L.	1932-1963	**_K_**
Katherine A.	1934-	
Teddy G.	1909-1937	
Ruth G.	1910-	
Phyllis H.	1936-1936	

LLOYD, Edward E. 1913-1976
    Edith V. 1916-

McDANNELL, William R. 13JUL1926-
    Mildred S. 18NOV1926-09MAY1990

McVICKER, Ida M. 21NOV1941-02FEB1987

    Samuel K. 12SEP1936-06SEP1988
    Binnie A. 11OCT1937-17SEP1981

MANGES, Bert E. d-27JUL1910 ag-32-3-19

    Clark A. 27JUL1887-06JAN1973
    Carabel 26DEC1887-08APR1921
    Eva V. 23AUG1901-

    Clyde E. 1883-1967
    Ella M. (ZIMMERMAN) 1889-1966

    Ewalt M. 1877-1937

    Isaac 01FEB1852-25JAN1926
    Hester (FRAZIER) 31JAN1856-12DEC1939
    Infant Son b/d- 03APR1878

    Jacob A. 04FEB1846-1932   ***GAR***
    Susan (LAMBERT) d-30JAN1919 ag-69-4-28
    Ida d-17DEC1912 ag-30-1-8
    Bert d-23APR1874 ag-0-6-8
    David B. d-28DEC1881 ag-0-6-0

    Jacob J. 1843-1918   ***GAR***
    Susan Laura (SMALL) 1854-1925
    Harry L. 08APR1878-08AUG1878
    Hulda C. 10JAN1882-25MAR1883

    James W. 1870-1952
    Zella (FLEEGLE) 1887-1963
    Leah Jean 01JAN1920-10DEC1994
    Victor M. 06OCT1913-24JAN1990

MANGES, Joseph F.   1866-1946
    Flora A.   1868-1936

    Lloyd R.   1907-1968
    Almeda R.   1910-

    Pat R.   1885-1961
    Carrie   (GORDON)   1886-1975

    Robert W.   1913-1973   *WW2*
    Vera A.   1917-

    Roland L.   1890-1941
    Lulu Fern   (GORDON)   1896-1978
    Binnie LaVerne   1915-1975   *WW2*

    Samuel
    Martha   d-11APR1872   ag-17-8-6

MARSHALL, Walter W.   07NOV1924-20NOV1984   *WW2*
     Roberta E.   1926-

MASER, Louis W.   04DEC1911-18FEB1990   *WW2*

MECK, Harry, Sr.   1893-1974
    Mary H.   1900-1971

MEEKINS, Ernest L.   1906-1974
    Violet A.   1912-

MEYERS, George   1887-1962
    Pearl   1893-1972
    Filgus D.   1929-1973

MILLER, Elmer   1894-1939
    Jennie   (FRAZIER)   1885-1937

    Infant   (d/o Ira A. & Minnie)   b/d- 05FEB1905

MOSCHGAT, Eleanor   (DALY)   1909-1938

MOYER, Barbara   (w/o Henry)   d-15MAR1884   ag-29-11-8

NEWMAN, Ezra E. 1918-
    Justine L. 1919-

    Frederick, Sr. 1898-1960
    Laura E. 1901-1948
    Edgar W. 28JUN1923-28NOV1944 **_WW2_**
    Billy L. 1936-1946

    Nettie 1906-1957

    Richard L. 1940-

NUNAMAKER, Harvey B. 1886-1971
    Charlotte (POTTS) 1891-1983

PARRO, Peter N. 1882-1956
    Gertrude E. (MANGES) 1884-1965

PEBLEY, Charles E. 02MAY1914-11JUN1990

    Clarence F. 1919-

    Godfrey M. 1871-1949
    Flora D. 1874-1947

    Irven E. 04MAR1913-16JUN1973 **_WW2_**

    Kline 01JAN1898-29OCT1916

    Stanton E. (s/o Luther & N) d-10AUG1917 ag-0-2-13

    Sylvester 1884-1920

PEBLY, Charles 1859-1940
    Catherine 1864-1928

    Charlotte (w/o George) d-05APR1905 ag-50-4-22

    Elmer R. 1897-1918 **_WW1_**

    Eugene F. (s/o George C) 09JUL1913-24SEP1913

PEBLY, George	d-21MAY1910 ag-78-5-23
Mary	d-20MAY1894 ag-61-10-5
Lorenzo M.	d-13OCT1884 ag-0-1-0
PILESKI, Felix E., Jr.	30APR1972-18DEC1993
POTTS, Rev. Jephthah	d-21AUG1883 ag-74-7-13
Mary (HORNE)	1810-1898
William J.	d-09NOV1845 ag-10-11-21
J. Albert	1847-1915
Sylvester	20MAY1852-03JAN1916
Susan (REEL)	16NOV1853-03MAR1893
Lillian M.	03MAY1889-23SEP1911
PRUSS, Fred T.	21DEC1921-
Beatrice J.	05FEB1925-03SEP1989
Mary E.	05APR1895-07JUL1982
PUGEL, Anthony	1894-1973
Mike	1898-1978 *WW2*
RAGER, Pearl V. (w/o Ira H.)	19JUL1901-06JUL1930
Leora R.	26MAR1925-13NOV1925
RIPPLE, Charles	06JUL1919-18FEB1946 *WW2*
Richard L.	1920-
Mary C.	1924-
Thomas R.	13MAR1947-03OCT1970 *V*
Barbara A.	26MAY1948-25JUL1990
ROSS, Annie	1890-1964
Elwood H.	1890-
Linnie M.	1888-1953
Milford H.	1904-1959
Louise C.	1905-
Janet	1934-1950

SANDUSKY, Joseph   11NOV1926-   **WW2, K & V**
    Frieda M.   (Married: 10MAR1961)   17MAR1929-06APR1991

SAYLOR, Ray M.   1898-1970
    Ruth R.   (MANGES)   1909-1986

SCHOFIELD, Walter   04FEB1919-28OCT1992
    Pearl M.   12DEC1925-

SERASKI, Steve   22AUG1915-17NOV1965   **WW2**

SHAFFER, Ila G.   (MANGES)   23MAR1911-07MAR1983

SHAW, Tasha Marie   1994-1994

SHULL, Hester   (w/o Wesley)   d-16SEP1885   ag-29-7-20

SINE, Lorenzo D.   1852-1937
    Sarah J.   1859-1931
    Hattie V.   1882-1893

SIVITS, Bill   b/d- 08MAY1958
    John   b/d- 23DEC1961

SMALL, William, Sr.   d-29JUN1899   ag-80-8-27
    Adeline E.   (LAMBERT)   d-02MAR1877   ag-47-7-9

SNOWDEN, John C.   1888-1960
    Elsie P.   1894-1971

SOFALY, Francis J.   31MAR1923-   **WW2**
    M. Blanche   (PEBLEY)   09DEC1914-16OCT1991

SOHO, Joseph   1921-1985
    Helen   1934-

STOSTICK, Joseph T.   1912-1972   **WW2**
    Alice M.   1922-1985

THOMAS, Mary Ann P.   (d/o Jacob & Elizabeth)   15AUG1887-15MAR1888

TREBONYAK, Joseph   15AUG1888-05DEC1965
    Mary   22JUN1893-30JAN1985

TROXELL, Robert S. (s/o Joseph & Laura)	02SEP1908-14SEP1908
WEBB, Franklin A.	1926-1982
WEICHT, William C.	11JUL1914-02DEC1982
Pauline	04APR1918-
WILL, Howard F.	d-18SEP1902 ag-45-1-10
Margaret J.	d-02JAN1906 ag-32-2-25
WILSON, Gilbert W.	06OCT1914-30NOV1979 **_WW2_**
Lois M.	27MAR1912-
YOUNKINS, Edgar J.	1900-1978
Lucy M.	1902-1980
Joanne	1942-1942

NOTE: There are also several worn and missing stones, and several fieldstones.

06/12/94

EMERT BURIAL GROUND

Located in Lincoln Township, Somerset County, PA. From PA Route 601 North from Somerset, turn right onto Critchfield Road (TR 626). Travel for 4/10 mile to the overpass going over US Route 219. After crossing the overpass, the road becomes a dirt road and is named Paul Emert Road (TR 547). Take the dirt road for about 3/10 mile. The cemetery is off to the right about 150 yards out looking towards US Route 219.

Fieldstone:	RLS, 1865
Footstones: (3)	MS, RS, & ES
HOWARD, Estelle D. (d/o WH & AM)	d-30NOV1896 ag-0-10-8
LAPE, Adam W. (s/o J & C)	Stone Worn
Cyrus E. (s/o J & C)	Stone Worn
Daniel C. (s/o J & C)	d-13MAY1879 ag-1-8-28
Sadie J. (d/o J & C)	d-01APR1883 ag-12-3-12

OGLINE, Philip, Jr.	1812-1898	**_GAR_**
Elizabeth (EMERT)	1808-1884	
Adam (s/o P & E)	d-03JAN1872 ag-22	
John (s/o P & E)	Stone Worn	
Mary (d/o P & E)	d-25OCT1845 ag-12-7-17	
Nancy (d/o P & E)	Stone Worn	
Sarah (d/o P & E)	Stone Worn	
STERN, Alexander	1820-1883	**_GAR_**
Harriet (CRAMER)	1827-1890	

NOTE: The older cemetery record located in the society files stated that there were 65 total graves. This cemetery contains many unmarked graves and several worn stones that can't be read. The older record was also in error. A new stone has been erected for Philip and Elizabeth Ogline showing only the birth and death years. The older record had the inscriptions for them reversed. It should have been Philip, died 20AUG1898 aged 86-5-0, and Elizabeth, died 20NOV1884, aged 81-0-9. None of these ages however would correspond with the birth year of 1808 now inscribed on the new stone for Elizabeth. All attempts were made to be as accurate as possible.

02/01/98

FORD CEMETERY

Located in Croyle Township, Cambria County, PA along Wess Road (TR 400). From Summerhill Borough, Take SR 4043 northwest about one mile. Take the first road to the right, Wess Road. Travel for exactly 7/10 mile, cemetery is on the left side of the road.

ALEXANDER, Christine (d/o C & M)	d-28AUG1962
David Lee	d-1956
Infant Daughter	d-1942
Floyd E., Sr.	29SEP1886-28MAR1953
Bertha M. (FESNEY)	1923-1975
Ralph O.	13APR1891-04JUL1939
Bertha E. (FORD)	03MAY1899-25APR1983
Albert C.	23OCT1937-30OCT1971

ANDERSON, Edith   1910-1988

BOPP, Leo C.   b/d- 31OCT1993

BREWER, Scott E.   b/d- 08JUL1975

BRUMMERT, Earl G.   1925-
    Dorothy A.   (ALEXANDER)   1924-1995
    Infant Daughter   b/d- 10OCT1954

DAVIS, Barbara   12MAR1845-04FEB1925

FORD, Christian   16MAR1844-15DEC1922
    Maria   (PAUL)   15SEP1849-16FEB1932
    John I.   19AUG1871-12SEP1956
    Charles E.   1880-1910

JONES, Cody Evan   d-10JAN1994

    Evan L.   21APR1924-
    Hazel A.   18OCT1925-22MAY1994

McCLELLAN, Joseph R.   1915-1958
    Esther L.   (ALEXANDER)   1916-1992

PAUL, Catherine   (w/o David)   d-DEC1859   ag-34 (Stone Broke)
    Christene   (d/o D & C)   d-29MAR1841   ag-2-8-16

    Ellen   14JAN1866-14MAR1937
    Howard   1890-1964
    Cloyd   25JUN1897-05APR1924

    Isaac   02SEP1810-14OCT1896
    Susanna   (1st Wife)   d-02SEP1852   ag-36-9-17
    Sarah   (HOLSOPPLE)   (2nd Wife)   d-17FEB1885   ag-76-3-21
    Moses   d-14FEB1862   ag-25-1-24

    Laura   10APR1885-10MAR1922
    Floyd W.   17MAR1902-30MAY1913

    Mary   Murdered-07JUN1865   ag-71-2-28

    S.   Footstone Only

PAUL, William W.	d-21MAR1918 ag-77-5-14 **_GAR_**
Rachel (BOOSE)	d-27MAY1896 ag-58
RAGER, Alvin	1907-1972
Betty	11SEP1929-09JAN1951
Ellen (FORD)	1876-1964
Harvey	1905-1956
Kenneth	1912-1988
Mabel E.	22SEP1915-15APR1976
REED, William	1857-1921
Claretta	1869-1917
William M.	1891-1969 **_WW1_**
SAWYER, Alexander	d-21MAR1908 ag-23
Chester	1908-1994
Thelma	1920-1979
SHAFFER, John E.	1880-1958
Annie E.	1883-1949
Infant Daughter	b/d- 19MAY1925

10/04/96

FOUSTWELL CEMETERY

Located on Bethel Road, off of PA Route 601, in Paint Twp., Somerset County, PA, just across the Stonycreek River from Conemaugh Twp.

ALLISON, Millard Filmore	05JAN1857-14JAN1923 **_SP-AM_**
Katie (EASH)	1878-1933
BLAUCH, David	d-21MAR1872 ag-82-8-13
CABLE, Rachel (LIVINGSTON) (w/o Elmer)	12DEC1878-20NOV1904
CUSTER, Elizabeth	d-11MAR1867 ag-61-0-7

DeARMEY, Joseph   1844-1920   *GAR*

FOUST, Henry S.   MAR1813-01AUG1875
    Eve   (LIVINGSTON)   d-13MAY1904 ag-95-8-23
    Polly   d-29MAY1835 ag-8wks.
    David   d-25OCT1839 ag-3-4-21
    Anna   d-02JAN1854 ag-12-1-9

    Samuel   1838-1920
    Lydia (HOFFMAN)   1845-1930
    Emma   d-18APR1908 ag-21-2-3

    Tom W.   01MAR1907-   *WW2*

HERSHBERGER, Henry   17MAY1834-16JAN1913   *GAR*
    Rebecca (LIVINGSTON)   21AUG1836-10MAR1907
    John   13DEC1854-06JAN1914
    Jonas   19NOV1864-01FEB1865

HOLSOPPLE, Susan (LeFEVRE) (w/o Henry)   d-10NOV1858 ag-78-8-9

    Susannah   d-15SEP1863 ag-1-11-18

LAPE, Catharine (LIVINGSTON) (w/o Joseph)   27MAR1824-MAY1856

    Mary Jane (d/o J & C)   d-17JUN1870 ag-7-5-21

LEHMAN, Joseph   d-29OCT1871 ag-70-11-0
    Annie (LIVINGSTON)   10DEC1805-21FEB1888

    Rebecca (d/o JJ & S)   21AUG1850-28SEP1853

LIENHARDT, Gustavus A.   20AUG1906-21APR1907

LIVINGSTON, David   1757-02JUL1843   *REV*
    Anna (MISHLER)   d-05JAN1846

    David   13MAY1842-04JUN1930   *GAR*
    Rachel (HOLSOPPLE)   22FEB1839-23MAR1908

    Jacob   29NOV1810-02MAR1840

    John   16DEC1834-23MAR1856

LIVINGSTON, Infant (d/o J & S)	No Dates	
Infant (s/o J & S)	No Dates	
Henry (s/o J & S)	d-09JAN1855 ag-1-11-12	
John (s/o J & S)	d-21JAN1855 ag-4-6-25	
Infant (s/o J & S)	No Dates	
LUMADUE, Alfred C. (s/o Banks & Melinda)	d-08FEB1913 ag-2-10-4	
Bessie P. (d/o B & M)	23SEP1897-20MAR1915	
Earl B. (s/o B & M)	d-14JAN1913 ag-5-4-24	
Harry M. (s/o B & M)	05JUN1893-05OCT1917	
Sarah H. (d/o B & M)	d-02FEB1913 ag-10-5-13	
MacNICOL, Janet (DONALDSON) (w/o Daniel)	d-10NOV1856 ag-78-8-9	
Janet (d/o Daniel & Marion)	d-04NOV1918 ag-4-11-10	
MARTELL, Leroy Henry	31JUL1905-17MAY1906	
John Leland	21MAR1915-18SEP1915	
MILLER, Peter A.	d-10JUN1868 ag-70-10-4	
Reuben	No Dates	***GAR***
S.J.	No Dates	***GAR***
MOYER, Philip	d-10SEP1860 ag-2-11-0	
NAUGLE, Harry, Jr.	16OCT1922-28OCT1924	
RININGER, George W. (s/o Frederick & Sarah)	d-27JUL1842 ag-6-10-28	
Jobe S. (s/o F & S)	d-14FEB1857 ag-0-10-14	
Mary E.	d-10FEB1871 ag-19-8-15	
RUSSELL, Pearl D.	1922-1923	
Clyde W.	1927-1929	
FIELDSTONES: HA 1859	SLS 1867	
JM 1864	JB 1855	
ED 1861	SL d-25FEB1852 ag-0-10-22	

NOTE: There are also several unreadable stones and many unmarked fieldstones.

06/11/94

FYOCK CEMETERY

Located in Paint Twp., Somerset County, PA. From Pomroy's Crossroads, take Dark Shade Drive (PA Route 160) south for 2 miles. Turn left onto Hillsboro Road (SR 1029) and travel for 2/10 mile. The cemetery is off to the left about 100 yards in the field inside a wooden fence.

FYOCK, John J.	d-18AUG1897 ag-36-5-17
Ida (d/o JJ & IE)	d-16FEB1896 ag-0-0-3
Infant (d/o JJ & IE)	No Dates
Samuel J.	17JUL1835-18AUG1893
Mary (LEHMAN) STUTZMAN	25AUG1839-27FEB1906
Daniel	d-28DEC1860 ag-1-3-2
Susannah	d-10SEP1868 ag-2-6-0
Lielan	d-01JUL1860 ag-1-0-0 (broken)
Amanda	d-15JUN1881 ag-12-2-0
Emma	d-02MAY1877 ag-2-9-2
HOFFMAN, Ephraim	10NOV1850-21MAY1857
NAUGLE, Peter	1827-1862

NOTE: Many of the stones, especially the infants are badly worn, some are toppled and one is broken. There are also two fieldstones. The cemetery is fenced in but is overgrown and unkept.

12/11/98

HEIPLE FARM CEMETERY

Located along Sechler Road near Geiger, Somerset Twp., Somerset County, PA. The cemetery was also known as the Schrock Cemetery and Summit Cemetery.

BEEGHLY, Daniel	14DEC1832-02AUG1909
Mary (SCHROCK)	24MAY1841-27MAY1920
BLOUGH, Valentine	d-13JUL1898 ag-70-4-29
Catharine V. (COBER)	04JUL1834-24DEC1917
DUGAN, Loyd J. (s/o SP & MA)	d-24MAY1900 ag-1-7-2

FERNER, John   (h/o Susanna GOOD)   d-20APR1849   ag-71

GOOD, Abraham   11JUN1759-29APR1843
    Salome   d-18AUG1831   ag-68-7-0

HEIPLE, Aaron   d-18SEP1893   ag-70-1-18

    Christian   d-JUL1811   ag-81-11-6
    Susanna   d-JUL1814   ag-71-11-6

    John   12FEB1776-13DEC1834
    Elizabeth   (CABLE)   d-16APR1845   ag-75-0-30

    John   d-19SEP1862   ag-67-7-17
    Susanna   14APR1799-09JUN1840

LANDIS, Catherine   (w/o Henry)   d-11MAY1841   ag-42-8-26

LICHTY, Polly   (w/o John J.)   d-28JUN1843   ag-35-4-14
    Rachel   d-28JUL1850   ag-22-3-22
    Henry   d-17AUG1853   ag-17-3-25

MAVIS, Henry   d-11APR1826   ag-66

SCHROCK, Lydia   Unreadable
    Jonathan   (s/o John & Lydia) d-26MAY1868   ag-27-6-8
    Eli   (s/o J & L)   d-29MAR1857   ag-8-4-29
    Norman   (s/o J & Susan)   d-06JUL1890   ag-1-7-8

SAYLOR, Catharine   d-11JAN1847   ag-54-5-12

    NOTE: Also contains many worn stones and fieldstones.   **05/29/94**

HORNER CEMETERY

Located in Paint Twp., Somerset County, PA. From Windber, take PA Route 160 North and cross the county line. After passing the Windber Rec Park, take the first road to the right, Hoffman Farm Road. Travel for exactly one mile. On the left is a dirt road that is gated off. The cemetery is situated about 50 yards up the dirt road on top of the hill.

CRIST, Mary (FISHER) MURPHY (w/o JM CHRIST)	d-10DEC1895 ag-74-7-26
DAILY, Josiah	d-06JUL1923 ag-67-3-5
Ellen	d-24MAR1919 ag-54-6-15
DONMYER, Jane (MURPHY) (w/o Daniel)	d-16FEB1869 ag-23-6-18
GRUSH, Wigand	26AUG1845-24MAY1910
Elizabeth	28AUG1850-18NOV1901
Lemon	d-16NOV1876 ag-0-2-1
Infant Son	b/d- 13NOV1881
Nora	d-16AUG1891 ag-0-4-19
Verna M.	27APR1893-23FEB1916
HORNER, Brenton L.	21JUL1951-
Doris L.	01APR1947-31OCT1995
Carrie Ann	29JUL1972-30JUL1972
Infant (s/o Charles & Lucile)	1920-1920
Clarence B.	1916-
Mary (COPSIC)	1914-
Cyrus	1844-30AUG1926 **_GAR_**
Rebecca (LEHMAN) (1st Wife)	d-06APR1874 ag-22-0-23
Mary (ROSE) (2nd Wife)	1854-07MAY1927
Sylvester	d-23MAY1888 ag-2-2-0
Daniel F.	d-02DEC1854 ag-20-10-20
Ernest R., Sr.	21AUG1901-27FEB1994
Sadie E. (STUTZMAN) (1st Wife)	1903-1937
Goldie M. (STUTZMAN) (2nd Wife)	03AUG1906-01JUN1974
Infant (d/o FB & Fannie)	d-25SEP1894

HORNER, Franklin S.	1836-1918
Rachel (LEHMAN)	1842-1925
Lizzieann	29NOV1886-05APR1888
G. (s/o J & B)	d-1868 Fieldstone
Harvey	1876-1965
Ellen (LEHMAN)	1883-1969
Jeremiah S.	d-21JUN1911 ag-69-11-5
Anna Mary	d-18SEP1929 ag-82-3-18
Annie M.	d-1877
Carrie H.	Unreadable
John	1884-1966
John B.	d-23JAN1910 ag-70-6-29
Margaret A.	d-29AUG1903 ag-60-8-10
John C.	d-02AUG1890 ag-87-3-1
Elizabeth	d-09AUG1889 ag-78-7-3
Mahlon W.	26NOV1870-28JAN1956
Clara Mae (TANEY)	1879-23NOV1943
Guy	26NOV1920-19MAY1986
Russell Dietrich	22OCT1911-31OCT1995
MICKEL, George	d-? ag-13d
MOCK, L. (w/o John)	d-1874 ag-59-6-19 Fieldstone
Infant (d/o J & L)	d-1863 ag-17d Fieldstone
C.A. (d/o J & L)	d-04MAY1872 ag-14-3-6 ""
MURPHY, Samuel	d-1776 ag-89 Fieldstone
Samuel	d-05NOV1857 ag-44
Samuel	d-12MAY1857
Peter (s/o Samuel & Mary)	d-20JUL1868 ag-18-8-22
Jacob (s/o S & M)	d-10OCT1849 ag-2-6-17
John (s/o S & M)	d-12JUL1878 ag-23-5-10
William (s/o S & M)	d-11MAR1875 ag-22-3-18

REAM, Emeline   (d/o G & S)   d-04JUN1855 ag-0-7-4

RIPPLE, Irvin E.   16NOV1902-08AUG1904
   Emerson P.   26DEC1904-27DEC1904
   Mildred B.   06NOV1911-11NOV1911

SEESE, B. (Barbara Hoffman, w/o Samuel SEESE)   d-03JUN1831 ag-37-3-0 Fieldstone

   G.   d-1851 ag-6-2-25   Fieldstone

   Joseph Horner   (s/o Oliver & Anna)   22JAN1918-18MAY1995
   Margaret   (GUBA)   21OCT1918-10OCT1994

   Oliver C.   1884-1958
   Anna C.   (HORNER)   1889-1973

STATLER, George   1844-1851

   Rev. P.B.   d-27NOV1881 ag-43-8-25
   Ervin   (s/o PB & S)   d-DEC1881 ag-0-10-0
   Willie   (s/o PB & S)   d-15MAY1876 ag-1-5-15

NOTE: There are several worn, missing headstones and unmarked fieldstones. **04/25/96**

KIMMEL CHURCH CEMETERY

Located in Jefferson Township, Somerset County, PA. From PA Route 31 West, take a right turn onto Laurel Run Road (TR860). Travel for 8/10 mile. Cemetery is on the right.

CHRISTNER, Infant son of MB & MA   d-17DEC1881 ag-4d
   Mary L.   d/o MB & MA   d-13DEC1883 ag-0-8-21

LONG, Amos   05MAY1873-17APR1880
   Annie   29JUL1877-18APR1880

MILLER, Mary A. d/o Wm. H. & M.   d-22MAR1877 ag-3-7-19

SCHROCK, Ludwig   d-15FEB1890 ag-78-9-6
   Susan   (FIKE)   d-13DEC1864 ag-37-10-21
   Freeman   s/o L & S   d-07APR1863 ag-3-8-19

WILLIAMS, Oliver F.   s/o LC & DB   11FEB1890-18OCT1898

NOTE: There are also two unmarked fieldstones and possibly several unmarked graves. **04/22/98**

LAMBERT CEMETERY

Located off of Cheerful Valley Lane in Stonycreek Twp., Somerset County, between Shanksville and Lambertsville.

LAMBERT, Hugh	1844-1928	**GAR**
Frances (1st Wife)	31AUG1847-11APR1867	
Mary (CRISSEY) (2nd Wife)	27OCT1849-18JUL1892	
Annie B.	11SEP1875-10NOV1885	
Daniel H.	14APR1885-20DEC1889	
John, Sr.	d-24MAY1844 ag-82-7-12	
Mary (STATLER)	d-14FEB1852 ag-84	
Moses	d-20MAR1878 ag-67-8-21	
Elizabeth (ZEIGLER)	13AUG1814-23AUG1894	
Harriet	23JUN1841-22AUG1863	
Samuel	25AUG1847-1849 (Worn)	
Ewalt	12MAR1857-31JUL1863	
SPANGLER, Herman J.	No Dates	
Vida C. (LAMBERT)	26NOV1880-06JAN1903	
Daniel L.	29DEC1902-	
WILT, Matthew E. (s/o Carrie M. LAMBERT)	d-14SEP1901 ag-0-2-21	

07/05/96

LENHART BURIAL GROUND

Located in Jefferson Twp., Somerset County, PA on the Tom Barron Farm along Jefferson Road (TR 859). The cemetery is on the top of the hill behind the house. From PA Route 31 West, take Coxes Creek Road (SR 4005) for 3.3 miles. At the stop sign make a left onto Jefferson Road and travel for 7/10 mile to the Barron Farm.

FRIEDLINE, Daniel (s/o Peter)	d-01APR1843 ag-3?
Ludwig, Sr.	1730-1784
Ludwig, Jr. *BORN YORK CO., PA*	12JUN1756-30MAY1810 *ag 53-11-18*
Ann Maria (LICHTENBERGER)	08MAR1756-16SEP1843 *ag 87-6-8*
David *(BORN YORK CO., PA)*	13DEC1796-05FEB1833 *ag 36-1-23*

Pencil markings
Info taken from WPA Records

87

FRIEDLINE, Jacob (s/o LUDWIG)　　　　　　　　05FEB1785-25MAY1833 ag 48-3-20

    Peter　BORN YORK CO., PA　　　　　　　　30SEP1763-29MAR1824
    Catharine (MUELLER)　　　　　　　　　　09APR~~1763~~-17APR1835 ag 68-0-8
    　　　　　　　　　　　　　　　　　　　　1767
    　　　　　　　　　　　　　　　　　　　　　　　17
    Sarah (d/o D & R)　　　　　　　　　　　d-02NOV1848　ag-15-11-23

GARDNER, Elizabeth (d/o John)　　　　　　　02APR1836-21FEB1838 ag 1-10-19

    George　　　　　　　　　　　　　　　　　d-05APR1851　ag-69-4-8
    Mary (YOUNG)　　　　　　　　　　　　　d-10MAR1857　ag-75-6-15
    George　　　　　　　　　　　　　　　　　16JAN1805-04OCT1835 ag 75-6-15

    Mary Ann　CONSORT OF JOHN GARDNER　　d-02MAY1862　ag-66-1-28

HAUGER, John, Jr.　　　　　　　　　　　　　22OCT1773-03MAY1836 ag. 62-6-11
    Hannah (SHULTZ)　　　　　　　　　　　28JUL1772-09MAR1844 ag 71-1-11
    NOAH (S/O J&R)　　　　　　　　　　　　D-19 AUG 1832 ag 5-7-3
LENHART, Catherine (d/o Jacob & Rosanna)　　d-11OCT1850　ag-12-6-13
    Elias (s/o J & R)　　　　　　　　　　　d-13DEC1854　ag-29-4-19
    Elizabeth (d/o J & R)　　　　　　　　　d-16AUG1832　ag-4-0-4
    Mary A. (d/o J & R)　　　　　　　　　　d-07MAY1864　ag-25-9-21
    Rebecca (d/o J & R)　　　　　　　　　　d-17OCT1850　ag-16-9-10
    ISABEL (D/O J+R)　　　　　　　　　　　D-16 AUG 1832 ag. 4-0-13
    Catharine (d/o Jonathan & Leah?)　　　d-07APR1856　ag-11-4-0

SHAULIS, Benjamin　　　　　　　　　　　　　d-?

    David　　　　　　　　　　　　　　　　　d-21MAY1859　ag-63
    Ann Maria　　　　　　　　　　　　　　　d-13MAR1852　ag-57-11-21
    Elijah　　　　　　　　　　　　　　　　　d-28JUN1851　ag-14-10-20
    Samuel　　　　　　　　　　　　　　　　　d-04APR1857　ag-16-9-26
    Solomon　　　　　　　　　　　　　　　　04FEB1838-25FEB1838 ag 24 DAYS
SHAULIS, DAVID　　　　　　　　　　　　　　　17 MAR 1852 ag 57-11-21
SWEIGERT, Susannah (w/o Philip)　　　　　　d-27MAR1851　ag-87-1-12

TEDROW, Mary (w/o Michael)　　　　　　　　　d-02MAR1841　ag-70-0-10

08/29/97　10 ADULT GRAVES, NATIVE STONE MARKER
　　　　　　4 CHILD GRAVES, NATIVE STONE MARKER

MF　1810
LF　1784
ANNO 22
  LL 1795

LOVETT CEMETERY

Located near the village of Sidman, formerly known as Lovett, in Adams Twp., Cambria Co., PA. From Sidman, take PA Route 160 South for 3/10 mile. Turn right onto Evergreen Lane. The cemetery is located at the end of the dirt road.

ANDERSON, Robert	1868-1941
Helena (KNEPPER)	1865-1952
BARCKLEY, Emma (VARNER)	1875-1922
BINAUT, Emil	1913-1960 **_WW2_**
Ruth Mae	1920-1981
BOLVIN, Joseph (or BALDWIN)	d-1827
BOYLE, Daniel U.	d-13DEC1889 ag-39-6-0
BRUCE, John H.	10JUL1869-06MAY1920
Elizabeth A.	26JAN1871-30JUN1918
David	01SEP1893-04OCT1918
BURKETT, James E.	1894-1952
Melvin E.	1913-1952
CHESTNUTWOOD, Charles	1877-1940
EASH, Annie M.	26NOV1914-21JAN1915
ENGLISH, J. Graff	1872-1949
Ella	1870-1951
FISHER, Surschea	1900-1931
John	Unreadable
FRANK, Infant	No Dates
FYE, Emanuel D.	18OCT1856-22SEP1923
Annie E.	28MAR1863-29MAY1924
Betty	01FEB1925-08FEB1925

FYE, John	1845-1925
Elizabeth	1850-1938
William E.	d-07MAR1876 ag-0-2-15
John Lemon	d-29NOV1901 ag-24-4-3
GREEN, Joseph	1878-1961
Matilda M.	1901-1971
GRIEFF, Joseph W.	1853-1937
Sarah A.	d-08SEP1915 ag-53-6-1
Ervin	d-22JAN1891 ag-9-0-29
Mary M.	07MAR1899-16DEC1905
Mary (w/o Stephen)	d-04JUL1903 ag-93-10-12
GRIFFITH, Infant	1913-1913
Isaac	14JUN1872-09FEB1947
Margaret M.	16DEC1876-05SEP1920
GROSS, Elizabeth (KNEPPER) (w/o Ivan Victor)	16NOV1873-23DEC1904
Juanita	07AUG1902-01OCT1905
HARSHBERGER, Margaret (VARNER)	1825-1904
HINER, Eliza Ann (PAUL)	1858-1926
HUBERT, David G.	1836-1913
Caroline	1840-1927
George B.	1862-1892
Henry	d-18OCT1863 ag-49-5-29
Nancy A.	d-08JUL1864 ag-59-0-2
Harrison	d-07NOV1863 ag-18-1-0
Minnie J.	1842-1871
Orlando T.	1864-1890
William H.	1860-1910
Amanda	1864-1903
HUFF, Infant children of Grover & Lula	No Dates

ICKES, Harry E.	17JUN1925-08JUL1993	**WW2**
Gwendolyn M.	29JUL1928-	
JENNEY, Ruth V.	1920-1941	
JOSEPHSON, John, Sr.	1862-1947	
Elva	1866-1956	
Lloyd E.	1894-1977	
Wilda Bell	1897-1933	
KAUFFMAN, Daniel	1829-1912	**GAR**
Sarah (WISSINGER)	1830-	
David L.	1860-1883	
William J.	1868-1869	
John T.	1861-1913	
Anna P.	1871-1958	
Dorothy	1906-1978	
Jonas F.	1864-1933	
Junia Etta (KNEPPER)	1856-1942	
Rosa	29JAN1854-29NOV1893	
Charles (s/o N & R)	d-29OCT1893 ag-8-9-27	
Lewis Wilson (s/o N & R)	02MAR1890-17MAR1894	
KELLY, Mae (HINER)	1892-1963	
KNEPPER, Abraham	d-28JUN1872 ag-80-1-0	
Abraham	1887-1930	
Charles	1884-1933	
Asa L.	1875-1922	
Flora (BERKEBILE) INSCHO	1879-1957	
Daisy M.	d-01MAR1908 ag-5-5-15	
Joseph Blair	1908-1931	
Mabel Arabelle	d-09JUL1911 ag-0-5-2	
Willis R.	13AUG1917-13JUL1997	
Sadie	1921-1922	

KNEPPER, Daniel D.   1861-1915
    Sarah E.   1871-1935

        Joseph   d-20JUN1876 ag-76-5-13
        Susan (FYE)   d-28MAR1868 ag-52-7-20
        Emma M.   d-22MAR1871 ag-17-8-17
        Lizzie A.   d-26NOV1866 ag-23-8-20
        John   d-25DEC1847 ag-2-6-1

KRING, Benjamin   16MAY1869-10JUL1916

        George   d-13JUN1882 ag-61-7-23
        Rebecca (HOYER)   d-21FEB1880 ag-46-6-14

        Melville Linton   24MAY1858-13MAY1938
        Sadie (WOODS) (1st Wife)   d-1911
        Hortense (WILSON) (2nd Wife)   25OCT1867-10MAY1953

        William Henry   02FEB1856-13JAN1896
        Ella (ACKERMAN)   16JUN1855-18JUL1928

LIVINGSTON, Isaiah Sidney (s/o ? & E)   d-24DEC1869 ag-5-6-26
        Sadie E.   18MAR1889-24JAN1898

MANGES, John   1?JAN18??-2?JUL18??   (Worn)
        Amanda J.   1845-1914
        Bird   Unreadable
        Infant   ??FEB1883-09MAY189?
        Edward   09JUN1870-08APR1892

MAROLT, Beryl M. (KNEPPER)   07OCT1912-11MAY1992

MARTIN, Roy Haydon   27SEP1897-30MAR1959   **_WW1_**

McDONALD, Edward L.   21JUL1911-02FEB1915

MILLER, Ida May (HUBERT) (w/o JD)   d-30JUL1891 ag-23-3-9

        Pauline S.   24FEB1905-01SEP1950
        Walter R.   17SEP1933-30JUN1937
        Herman F.   28AUG1942-18AUG1973

MUMAU, Amanda J. (HARSHBERGER)   1859-1912

MYERS, Russell A.	1913-1970
Violet G.	1918-1991
Infant	No Dates
PLUMMER, John	Stone Broken & Worn **GAR**
RICHARDSON, Roy R.	1896-1971
Mabel W.	1896-1992
Infant	b/d- 18MAY1928
Bobby	14MAY1925-16APR1927
RORABAUGH, Joseph H. (s/o DB & RA)	d-03APR1895 ag-3-6-18
Mary E. (d/o DB & RA)	d-17APR1895 ag-14-1-0
Harry Russell (s/o DB & RA)	d-08FEB1897 ag-0-8-11
ST. CLAIR, Rebecca	1812-1901
SIDMAN, Rev. John R.	22JUN1806-24APR1869
Mary (ROUP)	13MAY1809-19JAN1885
Adalaid Ida	d-24JUL1863 ag-5-11-10
SMAY, Jacob W.	d-02APR1898 ag-73-0-24
Susan (SIDMAN)	d-17NOV1888 ag-57-4-6
Emma J.	d-04FEB1870 ag-2-3-9
STUFFT, Lida June (GRIEFF) (w/o Jacob)	d-03APR1911 ag-23-5-4
SWARTZENDRUBER, Caroline (d/o J & S)	d-24SEP1859 ag-1-1-21
Catherine (d/o J & S)	Unreadable
SWOPE, Hannah (w/o RA)	d-15APR1918 ag-17-8-2
Jacob	d-19FEB1866 ag-?
THOMAS, George A.	14MAY1880-23MAY1921
Walter H.	11OCT1889-19FEB1922
UPDEGRAVE, Harriet R. (d/o W & MJ)	d-21APR1863 ag-9-8-3
VARNER, Joseph	1827-1890
Annie (SWARTZENDRUBER)	1835-1919
Catharine S.	d-28SEP1869 ag-0-8-25

VINCENT, James E.	1871-1935
Susan	1872-1960
Grace A.	25JUN1902-23JUN1923
WIMER, Henry S.	14JUL1802-12DEC1879
Elizabeth	d-09DEC1888 ag-78-11-13
WISSINGER, Isaiah	1866-1927
Hannah Rebecca (KNEPPER)	1861-1948
C. Vernon	1898-1992

NOTE: There are many missing, worn and damaged stones.   **09/15/97**

McGREGOR CEMETERY

Located in the village of Cairnbrook, in Shade Township, Somerset County, PA, at the corner of Hay Street and 3rd Street. This was also once known as the Graef Cemetery.

AMENT, John P.	1870-1954	
Annie H.	1870-1955	
John P.	1911-1921	
Phyllis	b/d- 09APR1928	
BALDWIN, N. Leroy	1895-1966	*WW1*
Gertrude (HAMER)	1901-1978	
H. Joyce (Son)	1928-1951	
Theodore	1901-1976	
Margaret	1900-1983	
BALOG, Andrew	10DEC1890-03MAR1976	
Anna	03JUN1893-15SEP1986	
John	1917-	
Mary	1927-	
BARNHART, Jacob	1845-1923	
Judy (REIMAN)	1846-1875	

BARTA, Albert J.	27SEP1926-
Esther E.	24SEP1918-29NOV1994
Andrew	1888-1953
Margaret	1903-1986
Elmer J.	06JUN1928-
Patricia A. (HOSTETLER)	13JUN1934-
George A.	1922-
Minnie L.	1926-1998
BAUMGARDNER, Charles N.	1913-1981
BECAUSE, Joseph	1875-
Anna	1891-1953
BEDNAR, Olive M.	1919-1950
BENNIE, Louis	1910-
Magdaline E. (Married: 09FEB1932)	1914-1994
BERISH, Alex	1914-1982
BERKEBILE, Harold D.	23AUG1916-16FEB1920
James E.B.	1851-1923
Lizzie Margrette (LAMBERT)	10JUL1849-07OCT1936
Victor W.	1875-1880
Allie C.	1876-1876
Herbert O.	1878-1880
James L.	1881-1881
Ceilan H.	1886-1887
Orie Clinton	1893-1987
Gertrude C. (STULL)	1894-1963
BERKEY, Bert L.	10JAN1934-
Ruby I.	30OCT1935-23MAR1986
BESTVINA, Joan (ROSS)	14OCT1935-
BITTNER, Gladys M. (REITZ)	20SEP1906-06JUL1983

BLACK, Anne I.   12FEB1933-21OCT1996

    Charles S.   26AUG1942-10JUL1993   *V*
    Carol Ann   (MOSLAK)   25JUN1948-

    Stanley   1897-1976   **_WW1_**
    Mary   1914-1987

BLAIR, Grayson   1886-1968
    Naomi B.   1887-1968
    Robert H.   1912-1932

BLOOM, George D.   1897-1975
    Mary D.   1906-
    James R.   1933-1967

    Lee N.   1937-
    Donna L.   1938-1991

BLOUGH, Harry H.   30JUL1891-SEP1968
    Mary Amanda   (THOMAS)   1887-1961
    Ethel Vermont   1910-09MAR1929

BODZIAK, John S.   1915-1983   **_WW2_**
    Mary   1919-1980

BORETOS, Stephen D.   1940-1981   *V*

BOTTORFF, James F., Jr.   30AUG1963-08SEP1984

    Mervin M.   19NOV1927-16DEC1996   **_WW2,K_**

BOWSER, Joseph W.   1903-1974
    Ida B.   (1st Wife)   1907-1943
    Iva P.   (2nd Wife)   1916-

BOYER, Charles A.   1886-1964
    Mary E.   1890-1970
    Clyde D.   1921-1945   **_WW2_**
    Charles R.   26FEB1931-13NOV1990   **_K_**

    George E.   1911-1992
    Florence A.   1914-1979

BOYER, Velma	No Dates	
Jack L. (Son)	29DEC1937-13FEB1986	**_K_**
BUFFY, John, Sr.	1890-1979	
Anna	1903-1988	
BURELLA, John F.	05SEP1923-17JAN1982	**_WW2_**
BURKET, Elmer E.	07APR1916-30JAN1994	**_WW2_**
Sarah J.	16APR1919-04JUL1998	
George	1892-1967	
Annie	1882-1934	
Henry	20APR1923-	
Arlene	11OCT1926-	
John H.	1909-1980	
Sarah E.	1910-1970	
Ryan J.	b/d- 30JAN1992	
CARVELL, Genevieve (HENDERSON)	1913-1964	
CARVER, Augustus J.	11JUL1857-15JAN1944	
Nora M.	30DEC1874-31JUL1962	
John H.	d-08AUG1907 ag-1-2-18	
Hazel	1908-1996	
George A.	25APR1884-25SEP1908	
Ida B.	12JUL1885-	
John A.	1861-	
Elizabeth J.	1865-1916	
Gertrude D.	1895-1897	
Orville W.	d-17JUL1908 ag-6-7-15	
Sarah B. (w/o OW)	06JUN1886-25AUG1909	
Diana (d/o OW & SB)	b/d- 15FEB1907	
CHAPMAN, Edward	30DEC1915-23JUN1995	
Margaret A.	14FEB1921-	
Gary W.	02JAN1953-21OCT1973	

CHAPMAN, James Albright	24JUL1897-15DEC1930	**_WW1_**
John E.	1889-1975	
Harriet	1894-1985	
Thomas Richard	03AUG1922-01MAY1923	
Thelma Jane	15NOV1930-28NOV1930	
CHILDERS, Paul R., Sr.	07NOV1916-05OCT1993	
Daisy M.	13OCT1935-	
Donna M.	10SEP1960-10NOV1960	
CLAAR, Carrie Ellen (w/o John A)	1864-1939	
COLEMAN, Clarence M.	1899-1983	
Effie A. (SPANGLER)	1904-1991	
Chester William	06NOV1924-08FEB1937	
Shirley L.	04AUG1950-15JAN1951	
Clifford M.	17AUG1921-28JAN1998	
Leoma R. (SWARTZWELDER)	22JUL1922-	
Harry C.	1874-1930	
Catherine A.	1891-	
CONLIN, James	1901-1924	**_WW1_**
Robert	1873-1936	
Elizabeth	1874-1950	
James	1893-1928	
Robert	1899-1958	**_WW1_**
Susan A.	1906-1964	
Thomas	1895-1924	**_WW1_**
COOK, Ernest L.	1900-1968	
Levi G.	1882-1929	
Lizzie M.	1886-1943	
Quentin Faye	03MAY1908-02JUL1908	
William P.	1871-1940	
Jennie E.	1872-1955	

CRISSEY, Virgil D.   (Brother)   1920-1985
    Helen J.   (Sister)   1926-

CROYLE, Infant   (s/o JM & Emma)   b/d- JAN1918

CUSTER, Albert I.   1916-1966
    Dorothy D.   1918-1986

    Daniel   d-1903   ag-60   **GAR**
    Susanna   d-18JAN1893   ag-68-11-3

    Edward E.   20APR1888-06JUL1950
    Dayton Merle   1910-1928

    Elmer   29AUG1907-26MAR1976
    Sylvia M.   25OCT1920-01MAY1976

    George   1875-1931
    Ellen   1876-1926

    George W.   1874-1951
    Annie M.   1887-1964

    Harold E.   16FEB1943-04DEC1990
    Mary E.   22JUL1944-

    Harry E.   1917-1961
    Gladys M.   HITECHEW   1918-1988

    Harry Edward   27JUN1917-
    Evelyn Louise   21FEB1923-

    Jacob L.   d-03OCT1889   ag-21-6-24

    Jacob L.   1830-1887
    Mary   1832-1918
    Anna   1858-1872
    Harry   1860-1906
    Shannon D.   1866-1880
    M. Lillian   1870-1900
    Odilla L.   1876-1878

CUSTER, James (s/o Willis & Genevieve)	b/d- 22JAN1947
    Danial (s/o Willis & Genevieve)	b/d- 15MAR1948

    Kenneth E.	15MAR1915-03JUL1981
    Grace A. (BOYER)	31JAN1916-23JUN1998
    Daniel S.	1953-1953

    Richard W.	23NOV1912-23SEP1988
    Hazel K.	21MAR1919-

    Ronald E.	04FEB1937-01NOV1990	*V*

    Washington	22NOV1856-02JAN1930
    Mary	24APR1839-30AUG1920
    Elmer W.	d-22JUN1880 ag-1-1-11

DAY, Harry L.	1889-1965
    Katherine Z.	1893-1971

    Howard L.	13SEP1909-06NOV1975
    Alice (1st Wife)	14FEB1912-27DEC1949
    Ann E. (CROYL) (2nd Wife)	29OCT1908-17JAN1989

DECKER, Rev. Charles	05MAR1917-30JUN1968
    Twila G.	05JUL1921-
    Delbert A.	13AUG1943-28JUN1970

    Charles H.	1884-1950
    Olive I.	1892-1977

DeLASKO, Charles, Sr.	06FEB1921-19APR1988	***WW2***

DENEEN, Clarence L.	29AUG1912-08FEB1973

    Ivan E.	23APR1916-
    Viola E. (WAHL)	17MAR1923-26JAN1998

    John F., Sr.	06JAN1907-09DEC1972
    Florence P.	16OCT1909-04NOV1972

    John F., Jr.	1947-1969	*V*
    Jacqueline	1948-

DENEEN, Melvin	1905-1989	
Mildred	1909-1997	
Ray C.	15JUL1909-24JAN1992	
Edna M.	25MAY1913-	
William L.	22OCT1931-03SEP1977	***K***
Rose M.	12APR1928-23JAN1986	
DIXON, Jackson Ray	Unreadable	
DOSTER, Alice P.	22SEP1893-19AUG1975	
DRUHALOSKI, Frank	1917-1986	
Bernice E.	1924-	
DUNKLEBERGER, Alfred H.	08MAY1871-13DEC1932	
EBERHART, Walter R.	22DEC1913-14DEC1991	
Anna	02NOV1917-25DEC1996	
ELERSIC, Edward J.	10FEB1926-28JUN1998	***WW2***
Paulette M.	b/d- 29DEC1976	
ELLENBERGER, Gladys	1918-1930	
EVANICK, John	26JAN1924-29NOV1987	***WW2***
FERRELL, Alvin Eugene	13NOV1962-01APR1995	
FINDLEY, Robert W.	12DEC1901-07NOV1968	
Elizabeth A. (THOMAS)	27APR1905-06OCT1994	
Gilbert W.	29JUN1930-05JUL1930	
FORNEY, W.F.	Born 29FEB1872 ag-9days	
FRAZIER, Alice J. (w/o M)	d-11AUG1886 ag-18-10-2	
Infant	Unreadable	
GAHAGEN, Charles	16SEP1852-26MAR1932	
Margaret	16JAN1851-12SEP1932	

GAHAGEN, Thomas S.   07MAY1820-25FEB1901
    Barbara   15AUG1831-20SEP1898

GEARHART, John L.   1854-1947
    Anna M.   1870-1937
    S. Mirrel?   d-25SEP1900 ag-1-6-28

GEISEL, Irvin J.   07MAR1883-29DEC1969

      Owen P.   04JUL1890-07JAN1988   ***WW1***
      Gertrude E.   04DEC1898-10OCT1988
      Vance   b/d- 01JAN1926

GIANAKOS, James   1936-
    Myrna   1936-
    James, Jr.   1961-

GIBBONS, Dorothy   25APR1916-

    Edward   1951-1951

    Merle D.   1923-1963   ***WW2***
    Wilda B.   1924-

    Richard   1884-1936
    Bertha E.   1888-1930

GOGA, John, Jr.   20JAN1917-06DEC1989   ***WW2***
    Helen E. (GEARHART)   20NOV1922-

GOODISKY, Kathryn   05MAY1916-20AUG1991

GOZDICK, Paul J.   10JUL1920-26DEC1988   ***WW2***

GRAEF, John   d-17OCT1886 ag-70-4-19
    Mary (LAMBERT)   d-11OCT1878 ag-73-9-11

GRAY, David C.   1899-1940   ***WW1***
    Hulda L. (THOMAS)   1901-1991

    Robert C.   1907-1992
    Nettie M.   1908-1984
    Larry D.   1944-1984

GRAY, Thomas	1893-1969	**_WW1_**
Clara F.	1897-1942	
HADIX, John L.	1888-1978	
Edith (Daughter)	1923-1995	
Moses W.	09MAY1957-04JUL1958	
HAHN, John F.	26MAY1969-22JAN1970	
HALKOVICH, Steve M.	23JUN1909-12AUG1988	
Helen L. (SIVITS)	13AUG1918-	
HALL, Otis M.	1896-1974	**_WW1_**
Clara E.	1904-1973	
William J.	1864-1942	
Rachel E.	1870-1952	
HAMER, Isaiah	1875-1972	
Amy C.	1873-1958	
Infant Sons	1898-1898	
Infant Son	1907-1907	
Bertha M.	1907-1909	
Ada R.	1913-1913	
Lillie Mae	1885-1940	
William	1831-1916	
Susan	1846-1926	
Katie	1883-1920	
HAMILTON, Margaret (AMENT)	1900-1996	
HARDMAN, Michael	d-10OCT1873 ag-50-6-0	
HARVEY, Leroy C.	31JUL1915-15MAR1983	
Verna M.	23SEP1920-	
HELM, Catherine (w/o John)	d-17DEC1884 ag-76-2-4	
Barbara E.	d-03APR1875 ag-26-3-8	
Sarah A.	d-02OCT1877 ag-27-8-0	

HELMAN, Jacob   d-06NOV1895   ag-74-8-12
    Susannah   d-21DEC1879   ag-70-1-7

    Samuel   1814-1898

HENDERSON, Clyde I.   1884-1971
    Bertha   (REITZ)   1884-1972
    Doris G.   1924-1957

HEWITT, Orrin S.   d-17DEC1909   ag-36-8-29   **_SP-AM_**
    Izora Blanche   1886-1973

HILLEGAS, Ross R.   1885-1951
    Louise I.   (1st Wife)   1885-1922
    Jane G.   (2nd Wife)   1883-1957

    Walter Mc.   1919-1946   **_WW2_**
    Thomas McCall   1942-1948

HINER, Clarence L.   1893-1931
    Goldie M.   (COOK)   1895-1972
    Wayne D.   1917-1990   **_WW2_**

    Henry J.   10FEB1861-25AUG1912
    Sidney J.   1866-1942
    Blair C.   1894-1916

    Sharon "Abe"   1916-1981
    Dorothy   1917-

HITECHEW, Abraham L.   1864-1939
    Carrie   1870-1934
    Elizabeth   1892-1921
    Nora   No Dates
    Theodore R.   1906-1969

    Adeline   (w/o Albert)   d-30DEC1896   ag-30-6-12

    Catherine   (w/o David)   01JUL18?2-02MAY1878
    Mary R.   (d/o D & C)   15NOV1858-15APR1878
    Jacob   (s/o D & C)   09JUN1868-10DEC1885

HITECHEW, Daniel W. 1911-1976

    Essie D. 26APR1870-09JAN1923

    George J. 1884-1966
    Ellen Nora 1891-1965
    Gladys 1913-1914

    Gideon d-19JAN1902 ag-79-2-11
    Rachel (OLDHAM) d-30DEC1917 ag-79-11-12

    Robert R. 09JUN1940-25JUN1995 *V*

HOSTETLER, Charles H. 21JUL1949-29JAN1998
    Wanda L. (Married: 22NOV1969) 29NOV1949-
    Infant Son b/d- 06JUN1971

    Ira D. 1891-1971
    Mary E. 1898-1983

HUMPHREYS, Sarah Anne 25JUN1994-29JUL1994

ISERMAN, Albert E. 17DEC1900-20OCT1985

KANE, James P. 08JUL1869-16MAY1916
    Amanda H. 17MAR1872-01MAY1905
    Johnnie d-05APR1904 ag-0-11-7

KASONYE, Michael J. 28MAY1934-
    Devona J. (SIPE) 06MAY1937-
    Infant Son b/d- 02SEP1962
    Matthew M. 16MAR1965-14SEP1984

KELLER, Frank 1903-1983
    Vera 1912-1980

KILIAN, Gustav 1925-1994 ***WW2***

KIMMEL, Solomon Stone Worn
    Catherine (LAMBERT) d-26APR1887 ag-76-9-3

KIPP, Rev. James L., Jr. 01DEC1924-28AUG1995 ***WW2,K***
    Juanita (PITMAN) 12JAN1928-

KIPP, Warren A.	27NOV1921-13SEP1985	**_WW2_**
Anna Belle	28AUG1926	
KLONICKE, Frank J.	21MAY1923-17JAN1985	**_WW2_**
Dorthuella	d-1998	
KOONTZ, John	d-08MAY1901 ag-62-2-4	**_GAR_**
Rachel (BRUBAKER)	d-29MAY1929 ag-80-8-17	
Susan	Unreadable	
Hulda	d-24DEC1881 ag-12-0-16	
Harry	Stone Worn ag-5-1-20	
Samuel M.	1883-1942	
Florence (THOMAS)	1885-1969	
Rachel Ila	11JUN1916-15OCT1933	
Delbert A.	17NOV1925-28NOV1931	
KOSTICK, John	1916-1963	
Ellen	1924-1998	
Sara K.	18JUN1954-05JUL1995	
LAMBERT, Emanuel	d-21FEB1864 ag-60-11-8	
George	1799-1865	
George H.	d-09OCT1894 ag-65-4-15	
Julia A. (FRITZ)	1830-1901	
James R.	24JAN1860-15NOV1935	
John	07DEC1798-02FEB1862	
Susannah (HORNER)	18JAN1809-30NOV1895	
Josiah O.	1843-1875	**_GAR_**
Lewis Michael	1845-1911	
Sarah Jane (HELMAN)	1853-1935	
Mary	d-26FEB1881 ag-84-7-9	
Russell G.	21DEC1875-09DEC1952	
Tillie (SORBER)	No Stone	

LAPE, Lizzie (w/o A)   d-02MAR1889 ag-40-6-0

LASUT, Ruldoph J.   02OCT1919-28AUG1995
    Catherine B. (WAGNER)   27APR1924-

LEHMAN, Herman H.   1879-1957
    Edith C. (SMALL)   1887-1950
    Lucille M.   12JAN1909-28FEB1996

LEIGHTY, Keith   1959-1998

LEMAN, Shirley A.   1940-1998

LEMANOWICH, Catherine   07FEB1913-26JUN1985

LEVENSON, Ethel L.   1898-1936

LEWIS, John (s/o ?)   28SEP1870-16NOV1889
    Amelia M. (d/o ?)   03DEC1879-13DEC1879

LOHR, Susana (w/o Harrison T)   d-11APR1873 ag-31-1-14
    Nathaniel   Unreadable
    John H.   d-11NOV1869 ag-1-0-11

LOVRENCIC, Michael   1894-1956
    Frances   30NOV1906-30JUL1982
    Michael   1941-1981

LOW, James, Jr.   17NOV1895-21APR1984   **_WW1_**
    Alice   18NOV1899-15AUG1970
    Infant   b/d- 05JAN1927
    Marjorie A.   24APR1930-06JUN1930

LOWRY, George P.   d-17MAR1907 ag-32-9-18

    Herman D.   1889-1927
    Vera M.   1884-

McGREGOR, Alexander   d-13SEP1885 ag-73
    Ellen (LAMBERT)   d-05DEC1872 ag-68-1-22
    David   d-13OCT1853 ag-15-8-4
    John F.   d-12NOV1883 ag-41-6-

McGREGOR, Jacob	1836-1935	**GAR**
Sue	1842-1920	
James	d-18JUL1880 ag-67-5-10	
Rebecca (LAMBERT)	d-11SEP1874 ag-76-9-4	
R.W.	1860-1927	
Mary C.	1861-1940	
Jennie B.	d-17OCT1890 ag-0-1-2	
Samuel	No Dates	
Rebecca	d-07AUG1897 ag-63-6-0	
Infant	No Dates	
Infant	No Dates	
McINTYRE, Rebecca	1855-1946	
MACK, Samuel	1925-1994	**WW2**
MADDY, Eddie	18FEB1929-	**WW2**
Jacqueline E.	27JAN1932-28SEP1997	
Jessica Faye	1977-1977	
MALICHOWSKI, Walter	14JAN1912-02SEP1984	**WW2**
MALKIN, Wilmer E.	1907-1979	**WW2**
Valetta A.	1913-1983	
MANGES, Charles N.	22JAN1894-20JAN1967	
Alda P. (CUSTER)	1901-1997	
Olive Ellen	07NOV1919-10MAR1929	
David E.	1903-1972	
Gladys M. (BROWN)	1914-1989	
Harry E.	06JUL1910-02MAR1992	
Ruth M. (CUSTER)	06SEP1917-	
John Grant (s/o John & Sophia)	03MAY1870-17OCT1913	
Abraham F. (s/o John & Sophia)	12JUN1879-20JUL1921	

MANGES, John Weaver, Sr.	27AUG1895-17APR1961 **_WW1_**
Elizabeth (CUSHER)	No Stone
Nelson E.	d-18MAY1953 ag-84-11-22
Hulda M. (GAHAGEN)	d-19MAY1908 ag-36-7-18
Gertrude	Unreadable
MECK, Robert E.	05JAN1916-07DEC1963
Rose E.	30MAY1917-07AUG1980
William G., Jr.	1908-1988
Ivadene G.	1913-1991
Evelyn C.	24AUG1928-30MAR1931
Harold E.	1931-1951
MEYERS, Infant (s/o Charles H. & Bessie E.)	b/d- 07SEP1927
MILLER, Annie (w/o George W.)	09APR1862-17JAN1923
Arthur S.	1898-1939
Florence M.	1899-1940
Ira D. (s/o JH & PL)	d-02FEB1892 ag-13-11-4
Orville E.	1919-1928
MOCK, Thomas O.	d-04JUL1906 ag-73-5-16
Mary E. (HITE)	1840-
MOULTON, George W.	16OCT1940-27JUL1954
Martin L.	28JUN1950-01JUN1957
NOSEL, John, Jr.	1906-1977
Frances A. (COOK)	1906-1964
John L.	26DEC1926-
Lois A. (SELLERS)	04JAN1934-
NOWAK, Joseph S.	05APR1926-
Dorothy A. (Married: 11NOV1950)	07JUN1930-
NULL, Isaac	14JAN1864-09JUL1946
Ida A.	15NOV1877-13FEB1971

NYDA, Jennifer Lynn	b/d- 01JUN1991
OGLINE, Stephen P. (s/o Wesley & Ruby)	APR1969-MAY1969
Jeffrey A. (s/o Wesley & Ruby)	JUL1970-OCT1970
OHS, Charles E.	1849-1927
Robert G.	1856-1935
Carolina W.	1862-1934
Harry E.	25SEP1905-19AUG1958 **_WW2_**
ONSTEAD, Peter	d-08NOV1902 ag-75-3-10 **_GAR_**
Henry	d-20MAR1891 ag-34-5-19
OTTO, Harry A. (s/o George & MD)	d-18NOV1889 ag-0-?-8
PALENIK, Joseph, Sr.	24AUG1910-22SEP1964
PAUL, Benjamin	1842-1920
Clara M.	1862-1929
Maurice V.	22AUG1925-29OCT1983 **_WW2_**
Erma Mae	28MAR1927-18AUG1986
PERROT, John Leo	22AUG1886-11MAY1930
PERSHUN, Paul J., Sr.	1932-1998 **_K_**
PFEILSTICKER, Henry W.	1912-1974
Mary	1917-1998
PLUTA, Joseph P.	1932-1963 **_K_**
RAFFERTY, Freda Clara (THOMAS)	09NOV1894-27FEB1965
James	13SEP1915-18AUG1993 **_WW2_**
James K.	1891-1976
RAGER, Rudolph E.	1906-1989
Florence E.	1899-1995

RAYMAN, Edgar   1929-1987   **_K_**
    Mary T.   (Married: 28JUN1954)   1934-

    Edward W.   1888-1963
    Nellie G.   1906-1972

REAM, Maria V.   (d/o L & ME)   d-22JUL1880 ag-0-6-10
    Suie M.   (d/o L & ME)   d-27SEP188? ag-0-3-25
    Irie   (s/o L & ME)   Stone Worn ag-0-2-20
    Nellie   (d/o L & ME)   d-21JUL1886 ag-0-3-4

REITZ, Clyde C.   (Brother)   1896-1960   **_WW1_**
    Willa M.   (Sister)   28AUG1897-15MAR1990
    Mary L.   (Sister)   25AUG1902-06AUG1987
    Philip J. (Brother)   25MAR1904-10FEB1993   **_WW2_**

    C.E.   1870-1923

    David L.   1875-1935
    Clara M.   1873-1968
    Fred H.   26DEC1900-08FEB1904
    Eugene F.   17JUN1910-21JUN1911

    Emmett B.   1899-1955
    Mary F.   1910-1956

    Ernest W.   22FEB1902-27MAY1975
    Mary E.   (BOSTOCK)   03OCT1899-13JAN1994

    George F.   d-29APR1900 ag-31-11-26
    Huldah M. (LAMBERT)   d-01JUN1910 ag-40-10-25

    John H.   27JUN1861-01JAN1929
    Charlotte (GAHAGEN)   28SEP1866-21DEC1945
    Myrtle M.   15MAR1890-30JAN1980
    Ida M.   1894-1982
    Harris W.   1904-1978
    Alice C.   1906-1941
    Virgie E.   1909-1931

    Joseph H.   08MAR1897-04AUG1987   **_WW1_**
    Ethel H.   04APR1898-12JUL1991

REITZ, Philip	d-15AUG1919 ag-80-5-27	
Mary	d-24NOV1904 ag-72-6-22	
R.G.	1841-1923	
W. Jennings B.	05JUN1908-18MAR1986	**_WW2_**
Alice P. (BAKER)	19JAN1922-03AUG1994	
Ronald W.	26JUN1945-09DEC1989	
Wilford H.	06APR1892-10FEB1939	**_WW1_**
RODGERS, Elizabeth (w/o Jacob)	d-24APR1887 ag-63-0-13	
Jacob (s/o J & E)	d-07JUN1866 ag-2-7-9	
ROMAN, Nick	1902-1967	
Annie	1902-1980	
ROSE, Gerald Ray	1923-1979	
Johnny Ray	1963-1963	
ROSS, Boyd M.	08FEB1909-21NOV1968	
Patty A.	1943-1944	
Charles E.	1881-1927	
Elizabeth	No Dates	
D. Mike	1882-1938	
Susan A.	1887-1965	
David C.	1853-1926	
Mary Jane	1860-1923	
Clarence (s/o ? & MJ)	Unreadable	
Lizzie (d/o ? & MJ)	Unreadable	
Lawrence	Unreadable	
Lilly Jane	1902-1921	
David (s/o JC & V)	28DEC1910-11JAN1911	
Manford W. (s/o JC & V)	03DEC1917-12AUG1919	
Neva C. (d/o JC & V)	1923-1923	
Earl H.	1892-1929	
Nancy J.	1891-1972	

ROSS, Elsa B. (d/o MD & SA)	12JAN1904-25JAN1904	
Charles D. (s/o MD & SA)	02FEB1905-07JAN1908	
George	1828-1913	**_GAR_**
Caroline	1836-	
Goldie M.	24JUL1911-03DEC1992	
William Dennis	04MAY1949-30NOV1995	
Harry M.	1913-1976	
Gladys P.	1914-1972	
J. Park	27AUG1895-25AUG1941	
Esther (HUEY)	15FEB1898-19DEC1975	
Robert A.	1927-1928	
Jesse W.	01JUN1927-	
Joseph R.	1907-1982	
Lottie V.	1897-1975	
Samuel C.	1850-1929	
Catherine A.	1854-1918	
Samuel J.	1886-1932	
Cora HITECHEW	1892-1966	
Kenneth E.	1911-	
Telford C.	1906-1965	
Mary K.	1911-1993	
ROUSER, Elizabeth (CUSTER)	1854-1907	
RUSSIAN, Frank	29MAR1930-26AUG1990	**_K_**
Bernice L. (SIPE)	26SEP1929-	
SADLON, Edward	23MAR1928-	
Beatrice	20NOV1919-	
SADY, Stanley J.	25MAY1914-14MAR1995	
Ruth L.	24MAR1921-	

SCHNEIDER, Mildred   (BALOG)   16JUL1925-

SEBRING, Delmont   1907-1980   **_WW2_**
    Alma   1908-1998

SHAFFER, Blanch M.   1903-1985

    J. Eugene   29OCT1924-09FEB1987
    Ila Gertrude   08OCT1920-

    Violet B.   (THOMAS)   14OCT1911-11SEP1944

SHAW, Leonard W.   1885-
    Minnie I.   1897-1943

SIMPSON, Margaret   1892-1978

SIPE, Clyde E.   1900-1955
    Devona E.   (SUTER)   BRACKEN   21OCT1905-17JUL1996

    Max J.   10APR1932-27JUL1998
    Shirley M.   (PATOSKY) 10MAY1933-

SIVITS, Charles P.   1884-1971
    Mabel M.   1898-1978

SMALL, Arthur E.   1911-1986
    Ruth E.   (1st Wife)   1912-1934
    Marie E.   (2nd Wife) 1917-1982

    Robert L.   25DEC1867-
    Sarah J.   05JAN1869-17FEB1918
    Nora   No Dates

    William H.   1861-1926
    Jane V.   (REEL)   1851-1919

SMITH, Calvin E.   17SEP1926-24MAR1995 **_WW2_**
    Betty J.   09MAR1933
    Calvin E., Jr.   06AUG1953-26MAY1998

    Elias E.   1887-
    Addie P.   1882-1964

SMITH, Frank	1900-1987	
Nellie	1904-1968	
Henry	d-16APR1898 ag-83-4-1	
Caroline	d-20MAR1874 ag-62-3-22	
SNYDER, Charles E.	27FEB1906-14JAN1982	
Dorothy A.	10SEP1920-	
Frank D.	1874-1945	
Louetta	1892-1954	
George E.	1943-1978	*V*
Patricia A. (Married: 12JUL1969)	1951-	
Lawrence	1907-1964	
Anna	d-1949	
Mary E.	20AUG1950-03MAY1972	
SORBER, Samuel S.	1861-1901	
Tillie (BRUBAKER)	1866-1926	
SPANGLER, Elmer N.	1901-1993	
Margaret	1925-1967	
Nathaniel J.	1875-1928	
Clara L.	1881-1958	
Ray H.	16JUL1909-21MAR1967	**WW2**
Paula Jo	1998-1998	
STEELE, Harold W.	24SEP1904-07APR1977	
Bertha J. (THOMAS)	10APR1907-05DEC1993	
STIGERS, Randi Nicole	b/d- 18FEB1981	
STOCKLAS, Andrew	14APR1906-14APR1992	
Izora H.	29OCT1906-20FEB1988	
Robert L.	28OCT1935-	
Patricia S.	01NOV1942-26JAN1995	

STOFAN, Michael	26AUG1910-
Margaret (Married: 09FEB1932)	09JUN1914-07FEB1996
STOPA, Michael	1876-1935
Mary	1887-1947
SWANK, Loranso (s/o J & A)	d-15NOV1874 ag-1-0-4
SYKO, Twila (GIBBONS)	1917-1956
THOMAS, Mary P.	02AUG1890-02OCT1922
Vesta Pearl	1910-1983
Samuel	1859-1939
Ida Belle (SMALL)	1864-1940
Lowman	06FEB1893-28MAR1965
Casper	06FEB1893-29APR1894
TOLITSKY, Mary J.	1920-1940
TOMKO, George	14AUG1896-31MAR1971 ***WW1***
Susan	18FEB1905-26DEC1995
TRIMELONI, Joseph B.	1915-1978 ***WW2***
Muriel May	1916-
USJAK, Stephen	1913-1956
Elizabeth	1919-
VIDA, Ernest	10APR1927-15MAR1982 ***WW2***
Ethel Mae	08OCT1926-16AUG1959
WAGNER, Alexander L.	1869-1954
Julia A. (CABLE)	1871-1954
Forest	1894-1901
C. Lloyd	1852-1909
Elizabeth	1850-1927
Infant	d-03JUL1889 ag-3-7-3
D. Culborn	31MAR1897-01MAR1980
Maud C.	18NOV1897-29MAR1978
Ray C.	20DEC1918-28AUG1986 ***WW2***

WAGNER, Edward L.	1875-1965	
Janettia	1875-1930	
Gerald Lee	1949-1949	
Harry, Sr.	1889-1954	
Harry, Jr.	1907-1957	
Elsie M.	1907-1979	
Harry, Jr.	02JUL1934-24JUN1995	**_K_**
Jonathan B.	1846-1889	
Catharine (McGREGOR)	1846-1925	
Martin Luther	1870-1889	
Joseph W.	11FEB1848-24FEB1927	
Naomi	13MAR1862-29MAY1911	
Scott M.	1899-1977	
Margaret M. (SHAFFER)	1900-1981	
Warren R.	1929-1934	
WAHL, Bo	Infant	
Cody	Infant	
Cecil W.	20JUL1921-	
Betty L.	16OCT1925-01MAY1987	
James T.	30JAN1924-30DEC1994	**_WW2_**
Rose E.	29JAN1927-	
William J.	26MAR1976-03APR1976	
WALLACE, John	d-06MAR1872 ag-34-7-5	
Barbara	d-15OCT1902 ag-65-6-17	
Mary Dora	d-02APR1892 ag-19-9-13	
WALLER, Eugene	13MAY1926-29NOV1986	**_WW2_**
Violet	12OCT1928-	
WARGO, George	1878-1961	
Elizabeth	1885-1970	

WEBB, Flora Belle	07JAN1888-27APR1972
WECHTENHISER, Dayton F.	1905-
Marian E.	1908-1990
Robert N.	1932-1989
Frank J.	1875-1956
Kathryn	1863-1948
George R.	23SEP1888-09NOV1918
Daisy M.	30NOV1890-
William N.	1879-1962
L. Odella	1884-1974
May Aileen	d-22DEC1910 ag-0-8-22
Cecil Ray	d-09MAR1916 ag-0-0-29
Daisy Evelyn	1926-1939
WELL, Malinda J.	d-08OCT1889 ag-19-11-10
WESTON, Hulda (REITZ)	1873-1919
WEYANT, Evelyn Lucille (d/o Ray & Anna M.)	b/d- 11NOV1921
YANOSKY, George A.	1917-1940
YOST, J.M. Ward	1882-1943 *WW1*
Cally	d-06MAR1921 ag-47-10-26
Jacob	d-03FEB1920 ag-91-2-24
Hannah C.	d-28APR1903 ag-61-8-23
YOUHASCIK, George	28NOV1895-02MAY1982
Anna	1899-1954
John	25APR1926-23NOV1978 *WW2*
ZIMMERMAN, Matilda	1929-1996
Paul D.	1905-
Twila E.	1903-1991

ZIMMERMAN, Philip	1854-1941
Mary E.	1858-1929
Mattie M.	1877-1880
John Emry	1880-1897
Harry P.	1902-1909
Robert	16MAY1875-07DEC1908
Amanda B.	09JUL1879-28DEC1955

NOTE: There are also several worn, unreadable, and missing stones.

12/10/98

MARTIN LUTHER MEMORIAL CEMETERY

Located in Shade Township, Somerset County, PA, just outside of the village of Cairnbrook along School Road (SR 1021).

ADEMEK, Stephen	1888-1947	
Eva	12FEB1892-19JAN1968	
Paul	07SEP1924-19APR1945	**_WW2_**
BACHORIK, Michael D.	24JUL1954-05NOV1954	
Michael M.	1941-1941	
Paul	1882-1946	
Pauline	1880-1940	
Christina	05MAR1906-25MAY1925	
BAHORICK, Steve	1915-1976	
Elizabeth	1915-1998	
BAHORIK, Paul, Jr.	06FEB1913-19OCT1985	
Mary C.	19MAY1917-31MAY1993	
BEECHAN, Paul	1877-1932	
Catherine	1882-1930	

CERNAK, Paul	08MAR1867-26FEB1925	
Bozena (Daughter)	02AUG1912-19FEB1925	
CICMANSKY, Stephen (s/o Martin & Anna)	1924-1924	
FOLTIN, John	31DEC1887-31AUG1961	
Christina	15SEP1891-20JUN1944	
Paul	05NOV1913-18OCT1962	***WW2***
John, Jr.	29JUN1916-07MAR1964	
Edward	04SEP1930-06JAN1985	***K***
Steve	1918-1984	***WW2***
Marge (SOHO)	1923-	
GOGA, John, Sr.	13SEP1887-25MAR1966	
Anna	02MAR1893-13APR1943	
HOYECKI, Bernadine	No Dates	
KOZIK, Pavel	1876-1935	
Anna	1872-1966	
NEMCEK, Daniel	1872-1941	
Christina	1866-1940	
SADLON, John	03OCT1891-16JUN1959	
Anna	12SEP1892-04MAR1983	
Edward	17MAR1926-26OCT1926	
SAHAY, Anna (CERNAK)	1880-1942	
SIPOS, Paul	12MAR1874-17FEB1930	
SOHO, George	1920-1974	
Ladonna	1928-	
STOCKLA, Elizabeth	1908-1925	
SULOSKY, Steve	22NOV1902-14JUL1980	
Anna	30SEP1906-25JUN1980	
TRACHOK, Ann (ADEMEK)	05APR1929-22MAR1997	

TRUCHA, Paul   JAN1877-SEP1926

TURKO, Andrew   19MAY1924-03OCT1996   **_WW2_**

USJAK, Mike, Sr.   30SEP1878-23MAR1959
       Christina   20AUG1883-15JAN1945
       Mike, Jr.   06DEC1904-04SEP1923

ZERNAK, Paul   03APR1885-17MAY1910

12/11/98

MOSTOLLER UNITED METHODIST CEMETERY

Located along State Route 1008 in the village of Mostoller, in Quemahoning Twp., Somerset County, PA, 1 ½ miles from PA Route 281.

BAIR, Walter D.   1899-1954
      Alma Z.   1895-1967

BOWERS, Harry H.   1908-1967
        Vesta Z.   1910-

DeARMITT, James E.   28SEP1894-06AUG1985
          Darl   28JUL1902-

MOSTOLLER, Clara   1888-1960

           George G.   1868-1946
           Ida E.   1879-1962

           Harvey W.   1923-
           Ethel F.   1919-1960

           John E.   1862-1931
           Sarah E.   1868-1955

           Winton R.   1873-1954
           Mary E.   1890-1972

           Wright A.   1891-1967

PHILLIPS, Rodney Scott   07DEC1956-25JUN1971

SHAFFER, William A.   1912-1972
    Ruth L.   1920-1973

02/27/94

MT. CARMEL LUTHERAN CEMETERY

Located in the village of Ogletown, in Ogle Twp., Somerset Co., PA, at the intersection of PA Route 56 East and Mt. Carmel Drive.

BARNES, Lorene   1912-1985

CUSTER, Franklin J.   19DEC1904-27AUG1976
    Madelyn L.   (SEESE)   18FEB1918-04FEB1996

    Gary Wayne   1955-1955

    Harry   1885-1956
    Mary L.   (SEESE)   1885-1979
    Nettie F.   20JUN1906-12JUL1908
    Harry E.   JUN1918-FEB1919

    Leroy   (s/o JG & A)   22FEB1902-07MAY1902

FLEEGLE, Charles L.   1910-1974

    Foster M.   20AUG1907-13AUG1992

    John C.   1887-1978
    Rachel Olive   (MYERS)   1885-1960

    William H.   1880-1950
    Sadie E.   (MYERS)   1882-1952

FRAZIER, Lloyd H.   07APR1901-25MAY1948
    Viola C.   12NOV1909-30AUG1980
    Kathleen Elizabeth   b/d- 16AUG1930
    Lloyd Lee   b/d- 20DEC1936

GREGG, Earl	No Dates
Helen	No Dates
HARBAUGH, Clair S.	1906-1969
HUMMELL, Cora	1888-1944
KNAVEL, Myrtle M.	1910-1967
McDONALD, Lindsay	1985-1985
MYERS, Emanuel E.	03JUN1859-04NOV1939
Catharine (SEESE)	08FEB1862-03JUN1954
Mary Elda	b/d- 01JUL1898
Emanuel E., Jr.	b/d- 28JAN1905
NASH, Pauline	1895-1971
ORRIS, Elizabeth	18AUG1893-20MAR1906
SEESE, Austin F.	1889-1958
Elizabeth (SCHOENER)	1883-1962
Charles	03NOV1886-16NOV1915
Emanuel E.	1893-1971
Mary E. (NEWCOMER) (1st Wife)	1900-1922
Amanda L. (2nd Wife)	1908-
Emanuel J.	10NOV1828-20AUG1915 ***GAR***
Rachel (ORRIS)	23MAY1830-14MAR1910
Emanuel O.	1864-1949
Ida Mae (CUSTER)	1886-1922
Joseph W.	1852-1923
Mary Ann (KUHNS)	1856-1940
Oscar J.	1906-1987 ***WW2***
Margaret L. (SMITH)	1924-
THOMAS, Ida A. (SEESE)	1900-1929

WESTOVER, Karl J.	1901-1969
G. Pearl	1909-1987
Van P.	1876-1961
Viola G. (MYERS)	1886-1958
Clara Pearl	1925-1943

NOTE: Also many fieldstones and unmarked graves.

06/11/94

MUSSER CEMETERY

Located in Stonycreek Township, Somerset County, PA. Cemetery is situated along PA Route 160 North, about 100 yards northeast of the intersection of PA Route 160 and SR 1006. The cemetery is along the road and is surrounded by a white wooden fence.

ANSTEDT, Albert R. (s/o CA & AM)	d-30DEC1898 ag-0-3-26	
BRANT, Abraham	1748-1799	***REV***
MEYERS, John	d-12FEB1888 ag-80-7-20	
Anna	d-19MAY1879 ag-74-0-4	
MUSSER, Abraham	d-21MAR1874 ag-84-2-20	
Veronica (CABLE)	d-14AUG1837 ag-42-8-28	
Christian	d-30DEC1891 ag-67-1-13	
Carolina	d-10APR1887 ag-61-0-4	
Samuel (s/o JA & M)	d-21MAY1851	
Sarah (d/o JA & M)	d-13NOV1854 ag-26d	
ROSS, Joseph	12FEB1779-11MAR1825	***1812***
ZEIGLER, Jacob	05FEB1782-17JUN1824	***1812***

NOTE: Cemetery also contains several worn and missing stones.

10/13/98

PLEASANT HILL CEMETERY

Located at the intersection of Pleasant Hill Road (TR 546), Vo-Tech Road (TR 539), and Mountain View Road (TR 570), in Somerset Twp., Somerset Co., PA.

AIRESMAN, Harry E.	16FEB1919-25NOV1944	**WW2**
Mark F.	19OCT1967-19NOV1990	
Mary G.	1895-1960	
Dwight E.	1923-1945	
BAEHR, Helen N. (RINICK)	d-25SEP1989	
BITTNER, Samuel J.	28FEB1835-05OCT1920	**GAR**
Belinda	16FEB1845-01JUN1911	
BOWSER, Solomon	1865-1915	
Lydia	1868-1940	
Budd M.	1901-1971	**WW2**
Baby	No Dates	
Gladys A.	1903-1962	
BRANT, Charles (s/o Charles & Mary Keslar BRANT)	No Dates	
Emanuel (s/o C & M)	No Dates	
Ethel (d/o C & M)	No Dates	
Eugene (s/o C & M)	No Dates	
Lucile (d/o C & M)	No Dates	
Sadie M. (w/o GR)	d-28SEP1905 ag-24-11-9	
John G.	d-29AUG1903 ag-0-2-9	
BURKHOLDER, Richard C.	16MAR1918-10MAY1988	**WW2**
CARNS, Sylvia I.	1924-	
COLEMAN, John	d-16MAR1898 ag-72-0-21	**GAR**
CRAMER, Gwendolyn M. (d/o MP & VE)	d-28SEP1921 ag-0-0-3	
CRISSEY, Cathern R.	1885-1917	

CUPP, Webster W.	1876-1941
Mary Ada	1881-19445
Herbert S.	1901-1911
E. Irene	1903-1906
CUSTER, Elwood R.	02APR1909-08MAY1987
Jennie M.	27JUN1914-
William H.	1875-1970
Katherine R.	1875-1968
DAVIS, Bonnie Kay	05APR1955-06APR1955
Charles R.	01SEP1883-04JUL1939
Jane	27JUL1900-13FEB1938
Chauncey L.	18MAR1879-10SEP1938
Hattie G. (KOONTZ) (1st Wife)	24MAR1878-28DEC1912
Hattie (2nd Wife)	22FEB1882-01OCT1934
Henry	03JUL1916-07JUL1916
Chauncey L., Jr.	12JUL1917-19JUL1919
Clifford L.	1918-1993 *WW2*
Harold J., Sr.	23MAR1914-05JAN1976
Nora Mae	03MAY1918-
James F.	20MAR1873-24SEP1942 *SP-AM*
Hazel M. (2nd Wife)	1893-1960
Edith (d/o James & Sadie Fritz)	d-03MAR1892 ag-0-0-3
Ernest M. (s/o J & S)	d-17NOV1897 ag-0-0-1
Lulu B. (d/o J & S)	d-28AUG1897 ag-1-1-28
James Clare (s/o J & H)	06FEB1914-08APR1988
Jay J.	20MAY1924-06MAY1926
Joseph C.	21OCT1846-21MAY1907
Savilla (MOSHOLDER)	07JAN1849-24JAN1934
Virgie M.	09OCT1887-30DEC1905
Henry S.	15NOV1894-14JAN1895
DIETZ, Jacob C.	1851-1932
Delilah E.	1858-1890

DORMAYER, Jonathan	d-11JAN1885 ag-58-5-24
Barbara	d-05AUG1883 ag-55-7-6
ENGELHARD, Henry	1878-1938
Margaret	1881-1948
ESHERICK, Anna M. (PHILLIPPI)	1882-1971
FAZENBAKER, John C.	10MAR1951-24NOV1986
FELLER, Elmer	1892-1962 *WW1*
Lillian	1896-1973
FOLK, Minnie M. (SHAFFER)	07MAR1895-20NOV1968
FOUST, Ruth (SHUMAKER)	24NOV1907-02DEC1935
FOX, Henry J.	d-31DEC1889 ag-67-9-0
Catherine (ZERFOSS)	d-02SEP1909 ag-86-9-2
Infant (s/o GH & L)	No Dates
Nicey (SMITH) (w/o Jonathan)	d-26JUN1876 ag-74-5-16
Samuel C.	d-23MAY1897 ag-47-2-13
Lavina J.	1850-1938
FRITZ, Josiah W.	1836-1921
Emma (GLESSNER)	1848-1924
GHABOL, Frank	04DEC1848-09NOV1911
Mary	25AUG1848-26JAN1919
Frank	21MAR1876-27FEB1905
Anthony	13JAN1889-01FEB1919
GIFFORD, Harry E.	1876-1940
Anna (FOX)	1873-1964
GOOD, Harry B.	1880-1960
Martha G.	1898-1953
GRERAR, Alexander	1876-1967
Maggie Jane	1876-1962

GRERAR, Robert	1902-1923
GRIFFITH, Josiah	1846-19__
Elizabeth	1848-1917
Thomas J.	1877-1927
Maggie M.	1881-1922
Ruth	No Dates
Selma	No Dates
Walter	1914-1919
HAMER, Homer Leo	01JUL1895-30NOV1936
Mary M.	16DEC1895-01APR1977
Merritt M.	25DEC1912-09SEP1993
Ruth E.	09JUL1913-
HAUGER, Charles L.	28MAR1902-07JAN1983
HENRY, Shirley A.	1935-
HOFFARD, Samuel B.	1877-1900
HOFFMAN, Ezra G.	1882-1974
Elizabeth (SAYLOR)	1887-1969
Leone R.	b/d- 31MAY1908
JOHNSON, Guy W.	1920-1989 *WW2*
Eleaner L.	1926-
KANIA, Victoria	1922-1984
LAFFERTY, Walter Clay	21NOV1911-22MAY1990 *WW2*
Florence J.	09JUN1914-
LANDSMAN, Frank	1870-1943
Frances	1869-1930
MATTHEWS, Arthur (s/o WS & MJ)	20MAR1886-04APR1895
MENSER, Ray E.	1898-1972
Edythe E.	1899-1959
Charles C.	30JUN1924-07DEC1924

MENSER, Harry Earl   (s/o Ray & Edythe)   1942-1942

MEYERS, Robert L.   09FEB1913-16MAY1990   **_WW2_**
    Evelyn E.   10JUN11916-

MILLER, Andrew J.   1862-1940
    Edith G.   1876-1953

    Earnest E.   1895-1975   **_WW1_**
    Sadie J.   1900-1983

    Joshua   1857-1937

    Oscar   1889-1966

    Rodger R.   1950-
    Janet L.   (TOMPKINS)   1948-1992

    Samuel W.   1877-1955
    Clara A.   1891-1988

MINERD, Rev. William M.   1885-1948
    Pearl V.   1883-1964

MINTMIER, Clarence   1892-1964   **_WW1_**
    Laura E.   1904-
    Baby   1930-1930
    Clarence, Jr.   1931-1931

MOSTOLLER, Thomas O.   1920-1979   **_WW2_**

NEELY, Grover C.   1886-1970
    Myrtle I.   1888-1979

NICHOLSON, Willard   1925-
    Margaret   (STUTZMAN)   1918-1985

ONSTEAD, Stephen Michael   04JAN1983-20APR1983

PETERSON, William H.   21JUN1834-27DEC1907   **_GAR_**
    Matilda   05APR1829-30AUG1906
    Ellen   No Dates
    Mary J.   28FEB1860-13FEB1904

PHILLIPPI, Harvey G.	1873-1949	
Christianna	1871-1963	
Verne E.	10MAY1897-05FEB1990	**WW1**
Vivian M.	28MAY1899-03APR1978	
PHILSON, Walter W.	22OCT1888-12APR1972	
Minnie B.	19MAR1893-11JUN1983	
PISEL, Peter	1799-1872	
Rebecca	1814-1879	
PLETCHER, Arthur W.	21MAR1894-20DEC1971	
Adelaide M. (d/o AW & EG)	04JAN1914-28MAY1919	
RAYMAN, Chauncey A.	1873-1949	
Margaret F.	1882-1964	
Morgan T.	1899-1945	
RHOADS, Daniel A.	25MAR1809-08SEP1877	
Rosa A.	11APR1840-17APR1917	
Theodore E.	27FEB1874-17SEP1934	
Ada B.	26SEP1878-19FEB1967	
RINICK, John B.	1886-1959	
Anna L.	1890-1962	
John B., Jr.	1914-1917	
Daniel L.	1920-1944	**WW2**
SARVER, Albert F.	1882-1913	
Sadie E.	1887-1925	
Harry A.	1906-1984	
John Henry (s/o HA & AE)	d-? ag-0-0-28	
Roger L.	13DEC1954-	
Tina P. (Married: 14JUN1975)	23DEC1957-	
Jennifer Irene	28DEC1978-11MAY1979	
SAYERS, Andrew	1856-1922	
Emma E.	1866-1923	
Amelia	d-06OCT1890 ag-1-2-0	
Alice Mabel	d-30MAR1903 ag-9-9-29	

SAYERS, Frank	1867-1942	
Elizabeth	1873-1902	
Roy	No Dates	
SAYLOR, Andrew Jackson	10JUL1846-08DEC1921	**_GAR_**
Annie M. (1st Wife)	25JAN1847-11MAR1879	
Angie (2nd Wife)	12APR1849-30OCT1906	
Mary B.	13NOV1867-28APR1872	
Benjamin D.	04DEC1871-03SEP1876	
Harvey A.	02MAR1874-15SEP1879	
Emma E.	05FEB1879-17JUL1879	
Daniel W.	03JUL1854-06NOV1926	
Sarah M.	11AUG1858-16DEC1947	
Charlie D.	03MAR1878-31MAR1881	
Grace E.	17OCT1879-31OCT1881	
Lloyd P.	20MAR1894-11MAR1895	
Marguerite M.	23JUN1896-13FEB1898	
Emma (RHOADS)	1865-1957	
Franklin P.	1850-1924	
Harriet J.	1849-1937	
George W.	1872-1906	
Elizabeth A.	1874-1898	
Frank C.	1883-1909	
Harold J.	1912-1977	
Helen M.	1912-1985	
Harry D.	1889-1943	
Carrie G.	1889-1983	
H. Lee	1913-1940	
Jean	1920-1927	
Samuel S.	22MAR1814-10JUN1882	**_GAR_**
Caroline	05APR1824-02FEB1879	
Catharine	No Dates	
Edmon	No Dates	
Elizabeth	No Dates	
Rebecca	No Dates	

SAYLOR, Wilbert D. — 1897-1962
    Nettie (BOYER) — 1897-1923

CORRECTION BY BRIAN VOL VIII P 259

SCHILLING, Edward (s/o JA & D) — 22FEB1903-18FEB1909
    JOHN DARYL (SHAFFER) — *06 MAY 1879 - 23 MAR 1953* *NO STONE*
    05 JUL 1879 - 1940

SHAFFER, Austin L. — d-25SEP1905 ag-34-5-20

CORRECTION BY BRIAN VOL VI P151

    Lucy (~~TRENT~~) *(PETERSON)* — 21APR1868-18NOV1934
    (2ND HUSBAND JOSIAH TRENT BURIED MIZPAH CEMETERY)

    Blaine (s/o WE & GM) — 26MAR1916-27SEP1916
    Mary Alice — 24OCT1919-05MAR1933

    Charles S. — 07APR1882-25JUN1940
    Maude G. — 08JUN1886-24JAN1978
    Charles S., Jr. — 1928-1928
    James — 1928-1928

    Cyrus W. — 1860-1929
    Cathern — 1870-1919

    Irvin C. — d-15OCT1900 ag-16-11-15

    James M. — 1881-1955
    Bertha M. — 1884-1960

    Joseph — 11MAR1837-11AUG1904

    Levi — 01JAN1820-21SEP1896
    Isabel — 17APR1824-12APR1909

    Lillian F. — 19APR1899-29AUG1921

    Millard S. — 1901-1965
    Jean G. — 1901-1950

    Oliver S. — 1852-1929
    Mary C. — 1854-1922
    Earl H. — 1882-1933

    Paul E. — 1896-1970

    Robert M. — 1873-1952
    Cora J. — 1882-1960

SHAFFER
~~SAYLOR~~, Samuel L.   1850-1928
         Sarah E.   1859-1942

         Scott D.   1891-1971
         Edith P.   1895-1966
         Mildred I.   1917-1932

SHUMAKER, Harry W.   1884-1945
          Darl Z.   1883-1968

         John   d-09FEB1898 ag-43-10-19
         Susan   d-01FEB1927 ag-76-4-12

SOTTIAUS, Jennie   (d/o PS & HM)   d-04OCT1898 ag-13-10-14

SPAHN, Wesley   1923-
        Ruth H.   1916-

STUTZMAN, Annie   19JAN1860-21JUL1925

         Ernest E.   1891-1969
         Myrtle I.   1897-1971

         Harry   13MAY1839-02OCT1909   **_GAR_**
         Mary J.   02JUL1836-19MAR1917
         Belle E.   d-27JUL1896 ag-15-7-29

         Harry B.   1884-1946
         Lottie L.   1880-1963
         Infant Daughter   b/d- 05MAY1910

         Ord P.   24SEP1892-09MAR1919   **_WW1_**

TRENT, Ross A.   1879-1948
        Bertha M.   1891-1949

TURNEY, Mary A.   1865-1937

WALKER, Andrew H.   27FEB1902-08MAR1979
         Ursula S.   06NOV1915-21OCT1976

         C.O.   1877-1937
         Henrietta C.   1880-1951

WALKER, Dale O.	1905-1987
Gertie R.	1898-1990
Gerald D.	1931-1951
Leroy W.	1887-1933
Anna B.	1886-1965
Maria L.	1910-1938
Wilda E.	1917-1936
Morris M.	1884-1938
Carrie V.	1879-1962
Elizabeth E.	1906-1935
Harriet B.	1911-1918
William M.	1851-1931
Addie E.	1856-1925
Albert W.	1875-1882
William R.	1882-1954
Margaret E.	1875-1958
Winfield S.	1862-1929
Ida B.	1862-1927
Harvey	15SEP1881-06APR1882
WEDGE, Emma G. (d/o Alis J.)	d-01JUN1897 ag-0-4-28
WILL, Glendon D.	22SEP1936-
Sharon L.	12JUN1936-
Glendon D., Jr.	29APR1961-24JAN1964
Nancy M.	b/d- 30MAY1965
Nevin C.	1910-1985
Verna P.	1907-1983
YINKEY, Henry E.	01JUN1849-28JAN1923
Ella B.	15SEP1860-04FEB1942
ZAREFOSS, Amos	1868-1930
Maggie M.	1869-1951
Ernest B.	Unreadable
Florence	Unreadable
John G.	Unreadable

ZERFOSS, Charles   03NOV1848-03MAR1927
    Mary   05APR1841-04SEP1907

       Harvey W.   1885-1970
       Nettie M. (1st Wife)   1886-1918
       Margaret R. (2nd Wife)   1901-1992
       Leslie G.   07OCT1909-13APR1910
       Edward   b/d- 07JUN1911

       Jeffery J.   b/d- 14MAY1961

       Mary (PRITTS) (w/o Josiah)   d-29JAN1894 ag-72-7-4

       Peter W.   1862-1933
       Jennie R.   1866-1946
       Carrie G.   1896-1982

ZIMMERMAN, C.W.   15JUN1859-29AUG1927

       John   1910-1910
       Frederick   1911-1912
       Ernest   1913-1913

       M.B.   1852-1935
       Amanda (1st Wife)   1856-1887
       Mary (2nd Wife)   1864-1923
       Carrie   No Dates
       Pollie   d-1879
       Mary J.   d-1887 ag-4-8-3
       Norman   d-02APR1890 ag-0-4-15

       Mary Ann   d-21MAY1885 ag-75-8-24

       Merle A.   1910-1977
       S. Elizabeth   1911-1964

       William   1885-1951

    NOTE: Also several worn and broken stones.

05/29/94

PRINGLE HILL CEMETERY

Located off of PA Route 2011, between Wilmore and New Germany in Summerhill Twp., Cambria County, PA. An Allegheny Wilderness Historical Marker is on this site which reads:

"On this land once known as Elk Pasture the first white children of the Allegheny Wilderness were born to John Martin Cable, frontiersman and part time Dunkard Preacher, who came from Bedford in 1782. His homestead was occupied in 1795 by George and Philip Pringle who had married Cable's daughters Mary and Catherine, and whom this locality is named. Both couples are buried in this pioneer cemetery."

ACKEN, Joseph Scott	06JUL1903-08NOV1988	
Lucille (HARRISON)	10NOV1914-23JAN1989	
Paul	1869-1913	
Luella	1869-1952	
Paul Quentin	1906-1908	
William Bryan	05APR1908-	
Stella (TAYLOR)	12AUG1909-16NOV1989	
AKE, Gladys (d/o Joseph & Lillian)	d-1901 ag-1	
ANGUS, Annie D. (w/o John)	23AUG1863-25NOV1894	
ARMSTRONG, Lois P.	26OCT1925-	
ARNOLD, Andrew J.	09JUL1856-18FEB1911	
Delilah (PRINGLE)	05JUL1857-12NOV1916	
Charles W.	27JUL1916-21AUG1974	**WW2**
Walter D. "Pat"	22NOV1925-25DEC1988	**WW2**
Audrey J.	27DEC1929-	
BERGHANE, Albert C.	d-13JUN1902 ag-76-1-5	
Louisa	d-29JAN1896 ag-58-3-15	
Charles L.	d-11JUN1886 ag-22-11-3	
Earl R.	1911-1987	
Inez	1909-1979	

BERGHANE, George W.	1876-1941	
Lucy (REYNOLDS)	1881-1949	
BOWSER, Samuel R.	1914-1959	
Charlotte S. (WEAVER)	1914-	
BRYSON, Thomas M.	1913-1984	
Joyce	1913-	
Sherry Lynn	11SEP1965-08OCT1965	
BUMFORD, Raymond	1896-1963	**_WW1_**
Florence M.	1907-1963	
CHANEY, Chester G., Jr.	1911-1955	
Grace VASBINDER	1910-	
Joseph Victor	1945-1986	**_V_**
CLARKE, Donald M.	07JUN1912-28JUL1983	
Lois	17JUL1916-	
CLAYCOMB, Charles Ling	1900-1985	
Carrie Elizabeth (SHAFFER)	1903-1998	
CLITES, Samuel K.	10JUN1845-27SEP1910	**_GAR_**
Lottie A.	10SEP1843-07MAY1888	
John W.	12AUG1869-15MAY1893	
CROYLE, Charles E., Sr.		
Michele J. (BREWER)	27JUN1944-09OCT1998	
Harold I.	04OCT1913-	
Ruby L.	13MAY1916-29JUN1989	
Wallace H.	13DEC1915-	
Leora E.	20APR1919-	
Twila M.	04JAN1945-	
CULP, Leroy Thomas	1894-1981	
Catherine (SHAFFER)	1896-1976	
DAVIS, Maggie A. (d/o W & M)	d-21MAY1875 ag-22-10-27	

DOPP, George | 20JAN1832-18OCT1919
    Hannah (PRINGLE) | 02FEB1837-07MAY1929
    Lewis | 1858-1925
    John | d-01MAY1863 ag-2-7-18
    Maggie P. | 28SEP1872-12SEP1887

DUNMIRE, Zachariah T. | 1858-1924
    Mary | 1858-19__
    Infant Son | No Dates

ENGLE, Cal C. | 1901-1976
    Beany I. | 1906-1980

    David A. | 1880-1929
    Minnie L. | 1875-1962
    Harriet R. | 1913-1930

    David E. | 1904-1967

    Eleanor (ARNOLD) | 20DEC1897-28OCT1988

EVANS, Robert J. | 1908-1989
    Frances F. | 1911-1979

FLECK, Peter | d-04JAN1888 ag-56-8-17
    Christina (PRINGLE) | d-13MAR1915 ag-78-5-7

FRANK, Ada ENGLE | 1911-1929

    Peter | 1905-1978
    Maxine | 1918-
    Sonia L. | 1936-1938

GABLE, William | 1825-1902
    Mary (PRINGLE) | 1834-1923

GALLAGHER, Gerald | 1906-1954
    Eva I. | 1910-1982
    Everett P. | 1914-1977
    Iva J. | 1919-1932
    Mary Lou | 1929-1937

GORDON, Melvin R. | d-29MAR1897 ag-0-7-0

HESS, Samuel   29OCT1848-17NOV1935
    Emma Jane   (PRINGLE)   30OCT1849-23MAR1936
    George A.   d-17SEP1872 ag-2-8-21
    Samuel E.   d-18JUL1881 ag-7-4-28
    Annie May   06MAR1892-28NOV1898

HOOVER, Mary   (w/o Harry D.)   1872-1895
    Baby   No Dates

HUBER, John   1860-1932
    Mary KOCH   1868-1936

HULL, William Lemon   1873-1935
    Susan Jane   (SEIBERT)   1874-1959

ICKES, Clarence E.   04JUL1926-19JAN1990   **WW2,K**
    Marga M.   10AUG1925-

    David Q.   1873-1915
    Melvina J.   01MAR1875-20OCT1949

    Elmer S.   1893-1979
    Elizabeth M.   1898-1973

    William R.
    Thelma   (BOWSER)   24FEB1934-19JAN1994

KLOCK, Michael G.   1969-1969

KNEPPER, William   d-16DEC1883 ag-79-0-18
    Sarah   (PRINGLE)   d-04NOV1891 ag-80-6-20
    Christena   d-06SEP1862 ag-25-5-23
    Lucinda   1846-1932

KOCH, Adam, Jr.   21MAR1859-06JUN1921

LEHMAN, Anna D.   (BERGHANE)   (w/o Robert)   1858-1918

LINDSAY, Thomas J.   1891-1944   **WW1**
    Marie S.   1892-1956

LINGENFELTER, C.C.	1854-1923
Henrietta A.	1859-1923
Eva	Unreadable
Miriam G.	1894-1927
LOWMAN, Margaret (PRINGLE) (w/o David)	23AUG1825-22DEC1910
LUKE, Daniel Webster	1843-1911 *GAR*
Frances P. (DAVIS) (1st Wife)	d-25JUL1889 ag-42-3-23
Catherine (WILSON) (2nd Wife)	No Stone
Kate Lenore (d/o DW & FP)	d-29APR1875 ag-0-5-3
Maggie O. (d/o DW & FP)	d-03SEP1880 ag-8-11-1
William T. (s/o DW & FP)	d-01SEP1880 ag-11-10-?
Daniel Wallace (s/o DW & FP)	d-05FEB1886 ag-5-9-3
Mary Florence (d/o DW & FP)	d-11NOV1887 ag-1-8-9
Laban Lee (s/o DW & K)	d-03OCT1895 ag-0-2-7
Randall B. (s/o DW & K)	21JUL1898-12APR1980
Charlotte (d/o DW & K)	02JAN1902-14MAY1905
McGOUGH, Ruth (BERGHANE)	1919-1948
MERVINE, Marlin B.	26OCT1911-20JUL1977 *WW2*
Elsie M.	04APR1917-
MESSINA, Joseph	1903-1981
Helen (SKELLY)	1910-
MICHEL, Robert W.	1929-1967 *K*
MONFORDINI, Samuel J.	1919-
Violet A. (SEAMAN)	1919-1988
MORI, Joseph C.	24FEB1904-28OCT1984 *WW2*
MURPHY, Amos B.	1892-1982
Marjorie C.	1895-1976
Eugene V.	1915-1915
James H.	1850-1933
Rachel E.	1854-1939
MYERS, Wendell Luther	1921-
Fern (BERGHANE)	1921-

NIPPS, William J.	18FEB1847-02JAN1926
Mary M.	Unreadable
Anna R.	23JUL1868-10AUG1887
Harry A.	d-30JUN1903 ag-28-9-24
Alice C.	08AUG1877-17AUG1887
OBER, Mary	d-02APR1867 ag-33
O'HARA, Daniel Anthony	12MAR1921-15APR1964 ***WW2,K***
PALMER, James M.	d-11FEB1873 ag-34-9-13
Susan	d-17FEB1864 ag-2-0-25
PAUL, Annie M. (d/o E & M)	d-12OCT1869 ag-3-1-0
Elizabeth	27JUL1829-16OCT1904
Lewis	14APR1797-26OCT1860
Mary	11SEP1801-14OCT1878
PISARSKI, Louis	1938-1987 ***V***
PRINGLE, Abraham W.	03AUG1845-13DEC1929 ***GAR***
Barbara Ellen (SHARPE)	16APR1847-02SEP1925
William H.	11MAY1871-26MAY1871
John A.	1881-1943
Arthur W.	1879-1945
Etna	1880-1966
Genevieve M.	1904-1971
Leebert	d-20JUL1904 ag-?
Mabel	Unreadable
Benjamin E.	1887-1971
Clara E.	1886-1972
David L.	1870-1928
Hattie (GETTINGS)	1868-1928
Waldo M.	21FEB1897-09JUL1897
Gladys	1907-1923
David M.	24MAY1834-24AUG1886 ***GAR***
Agnes (MADISON)	15DEC1842-01NOV1922

PRINGLE, Emma Belle (d/o David M.)   d-06FEB1888 ag-5-0-3
    David M., Jr.   d-03FEB1888 ag-2-4-13

    Desdenoth (d/o HH)   d-17NOV1864 ag-0-1-1

    Emanuel   15JUN1843-08NOV1924 **_GAR_**

    George   06DEC1767-16APR1846
    Catherine (CABLE)   26FEB1776-25DEC1831

    George   d-28SEP1880 ag-82-1-12
    Catharine (PAUL)   d-03MAR1869 ag-69-0-29

    Arvilla (d/o JD & LC)   04JAN1902-03AUG1902
    Carl Leo (s/o JD & LC)   14AUG1903-24JAN1904
    Leroy Jordan (s/o JD & LC)   21MAY1912-26NOV1912

    Elizabeth   d-22DEC1874 ag-13-3-8

    H. Lemon   1881-1978
    M. Josephine   1905-1982

    Isaac W.   06APR1834-05JUN1890 **_GAR_**
    Malinda (1st Wife)   d-25MAR1871 ag-21-1-9
    Mary A. (2nd Wife)   14FEB1848-05SEP1889

    Jacob   d-15JAN1881 ag-74-9-2
    Susannah   d-23JUL1866 ag-54-8-0

    Jacob   d-08JUL1893 ag-67-8-1
    Mary A. (RORABAUGH)   d-10MAR1894 ag-63-10-28
    Elizabeth   Unreadable

    Joseph W.   d-27FEB1900 ag-71-8-12 **_GAR_**
    Lucinda A.   d-04MAR1900 ag-66-7-11
    Castleton A.   1852-1927
    Preston Clover   d-01APR1859 ag-1-8-2
    Permelia S.   d-25APR1863 ag-0-8-23

    Kenvir   1912-1912

PRINGLE, Martin   d-06APR1876 ag-76-1-16
    Elizabeth (1st Wife)   d-09JUL1855 ag-50-4-9
    Margaret   (2nd Wife)   d-08SEP1889 ag-76
    Martin   d-20MAY1864 ag-24-2-23   **_GAR_**

    Martin P.   27MAR1832-04AUG1913   **_GAR_**
    Mary A. (WONDERS)   d-11JAN1891 ag-63-5-11
    Eliza   1848-1929

    Philip   d-18NOV1841 ag-69-0-29
    Mary (CABLE)   No Stone

    Philip W., Sr.   03MAY1833-05AUG1878   **_GAR_**
    Mary (LUKE)   05APR1830-27APR1889
    James L.   10DEC1857-27DEC1857
    Alsinous   04OCT1858-27AUG1860
    Louella   19JAN1861-15FEB1864
    David   14NOV1872-23NOV1872
    Anna M.   14NOV1872-13AUG1881

    Philip W., Jr.   1866-1942
    Della M.   1876-1952

    Ralph M.   16FEB1914-22SEP1993   **_WW2_**

    Ray   09NOV1919-24JUN1983   **_WW2_**
    Bessie   1919-1946

    Samuel   03MAR1804-02MAY1890
    Mary (BOYLES)   1818-1912

    Sarah A.   24AUG1881-25MAY1901

    Thomas M.   28SEP1872-30OCT1942
    Anna SLOAN   22JUN1888-17NOV1977

    William   14AUG1797-20MAR1895
    Elizabeth (BOLEWINE)   d-20JUL1863 ag-62-6-5
    Susanna   1838-1906

    William, Jr.   27FEB1832-26SEP1883   **_GAR_**
    Jennie (KERR)   No Stone

REYNOLDS, Archibald B.	1846-1934	
Elizabeth (DUNMYER)	d-31MAY1889 ag-50	
Henry	1858-1933	
Susan (EASH)	1857-1933	
Joseph	1820-1899	
Catherine (WISSINGER)	1824-1912	
James	1853-1907	
William A.	1867-1958	
S. Rebecca	1864-1941	
RICE, Edith (RHOADES)	1893-1977	
Edward E.	1915-1988	
Mary (SKELLY)	1919-	
RICHARDSON, Marion F.	1894-1974	
Cora L.	1897-1990	
Charles J.	1917-1977	*WW2*
RITCHEY, A. Jerry	1926-1986	*WW2*
Virginia R.	1900-1986	
ROUSH, Howard W.	1875-1948	
Emma C.	1875-1962	
Russell D.	1908-1949	*WW2*
Mary	14NOV1914-28JAN1916	
Wilfred W.	1926-1927	
RUMMELL, David R.	14NOV1948-21NOV1948	
SCHOLZ, Maud C.	1872-1937	
SEAMAN, David G.	1853-1928	
Sarah C. (DOPP)	1856-1935	
John H.	1850-1926	
Louisa	1850-1900	

SEAMAN, Roscoe   1882-1924
  Margaret   1882-1947
  Ruth I.   1905-1965

SEIBERT, Daniel   11APR1837-05MAR1916 ***GAR***
  Susan (PRINGLE)   18AUG1839-27NOV1925
  Amelia May   Unreadable

SETTLEMIRE, Adam   d-19FEB1876 ag-22-6-10

SHAFFER, Christian   01JUN1828-14NOV1914 ***GAR***
  Susan (OBER)   21MAR1830-02FEB1908
  Infant Son   d-25DEC1868 ag-0-0-7

  Clark   1866-16APR1948
  Mary E. (PRINGLE)   1873-1957
  Ellen Susan   1905-1906

  David   d-25AUG1903 ag-80-2-25
  Margaret   09JUN1831-15OCT1891
  Infant Daughter   d-12SEP1853 ag-0-4-28
  Emma J.   28APR1858-16NOV1922

  Elizabeth (PRINGLE) (w/o Jacob) d-10APR1875 ag-81

  George   03MAY1857-11JUN1919
  Minerva   1860-1948

SHARP, Allen   d-01JUL1882 ag-70-2-9
  Rebecca   11JAN1813-25OCT1905

  Joseph J.   1841-1930 ***GAR***
  Anna J.   1854-1936

SICKLES, John A.   JUL1881-AUG1932
  Elsie E.   MAR1881-MAR1959

  Oliver C.   1879-1945
  Minnie A. (DOPP)   1880-1951
  George Edward   1901-1916
  Charles W.   1914-1961

SINEATH, Beatrice (ARNOLD) (w/o E.D.) 21DEC1885-19JUN1912

SKELLY, Andrew J.   15MAR1884-03OCT1968

    Blair E.   1907-1971
    Martha W.   1912-

    Phillip H.   05MAY1879-19MAR1944
    Hannah M.   12OCT1889-11OCT1978

STEVENSON, William J.   1866-1917
    Lena A.   1862-1915

THATCHER, William   d-04MAY1899   ag-40-0-16
    Priscilla J.   d-12OCT1901   ag-29-3-0

TIMMONS, Ronald W.   1931-1994

TRANTER, Roger W.   07OCT1936-09NOV1936
    Marilyn C.   22NOV1938-25FEB1939

TREMBA, William L.   1909-
    Bessie M.   1913-

UNKNOWN, Juliann E.   Unreadable
    Infant Daughter   Unreadable

VASBINDER, Lewis   1899-1982

WEAVER, John G.   (s/o JJ & SJ)   d-23FEB1881   ag-15-10-27

WHITE, Frank W.   1861-1917
    Anna E.   1867-1938
    Francis W.   1903-1978   *WW2*

NOTE: There are many worn and missing stones.

07/30/94

PRINGLE HILL EVANGELICAL CEMETERY

Located at the junction of SR 2011 and Oaks Road (TR 398) in Croyle Township, Cambria County, PA, just across the township line from Summerhill Township, 1 ½ miles from Wilmore.

BOLVIN, Alice A.		1885-1964
Ellsworth L.		1913-1946
CARPENTER, Henry		18JUN1829-20OCT1909
Catherine	(PRINGLE)	APR1830-13JUL1909
George		d-24FEB1871 ag-17-11-27
Susan		1863-1961
Margaret		d-1872 (Stone Worn)
Leonard		15OCT1911-21JUN1978
Florence	(WALK)	17DEC1914-07MAR1986
Percy		22FEB1918-08FEB1984
Rose Marie	(CLAYCOMB)	28FEB1919-09MAR1948
Kenneth J.		18JUL1938-08DEC1976 *V*
William H.		19JAN1869-21JUN1954
Sarah Jane	(WONDERS)	23APR1880-16SEP1966
DUNMIRE, David L.		No Dates
Catherine E. (d/o DL & Cora B.)		d-25JUL1889 ag-0-4-7
John		d-07NOV1889 ag-61-9-5
Mary J. (d/o J & E)		d-11MAR1888 ag-28-0-25
GRAY, Sadie A.		1901-1977
HINER, William Henry		1879-1923
HOMZA, Charles F.		b/d- 24AUG1970
JONES, William, Jr.		1914-18SEP1971 **WW2**
Mary Louise	(SHAULIS)	13MAY1917-09OCT1998
LEHMAN, Irvin C.		1891-1949
Edith M.	(CARPENTER)	1898-1986
Irvin R.		27FEB1916-28FEB1918

LEHMAN, Herman   (s/o IC & EM)   28MAY1918-28MAY1918
        Theodore D.   (s/o IC & EM)   03NOV1927-19JUN1928

LINGENFELTER, George E.   1909-1959
              Ethel C.   (CARPENTER)   1909-

              George E., Jr.   31MAR1931-31MAR1990
              Anne E.   27APR1939-
              George E.   16SEP1952-22APR1956

MILLER, John F.   10DEC1866-02DEC1908
        Alda   (WONDERS)   30JUN1870-

        Kenneth Harry   09JAN1907-31DEC1951   **WW2**

MANGUS, John   1856-1937
        Sara A.   1857-1948

        William   1891-1952
        Pearl M.   1890-1961

PARKS, Donald M., Sr.   27MAR1933-03FEB1989   **K**
       Wilma J.   01JUL1935-
       Chester Frank   04FEB1965-10JUL1965
       Bonnie Jean   17MAY1989-18MAY1989

PATTERSON, Margaret E.   (WONDERS)   1889-1928
           Harry   19JUN1920-21JUN1920

PLUMMER, Calvin G.   1918-1973
         Edith M.   1932-1982
         Penny L.   1968-1968

         Floyd R.   09JUN1930-
         Yvonne Marcia   (LINGENFELTER)   24OCT1939-30AUG1986

         Millard E.   1882-1965
         Martha E.   1884-1974
         Glenn C.   1916-1997
         William E.   1921-1984

PRINGLE, David Lester   1860-1931
         Francenia   1870-1923

PRINGLE, Isaac   19DEC1827-21NOV1904
     Sarah   (WONDERS)   04APR1826-08SEP1901
     Margaret   1856-1927
     Sarah   1868-1937

SMALL, David Rogers   1850-22JAN1934
     Rebecca E.   (WONDERS)   1857-1934

STIFFLER, John   10JUN1839-17JUN1924   ***GAR***

STOMBAUGH, Horace F.   1910-1987
     Anna Mae   1913-1980

WEAVER, Elizabeth Jane   (w/o David P)   d-29JUL1899   ag-63-1-4

WONDERS, Ella C.   (w/o DR)   30MAR1858-16DEC1911

        Jacob   d-18MAR1904   ag-64-1-28   ***GAR***
        Maggie   (MANGUS)   d-06JUN1926   ag-78-6-12
        Samuel   1875-1947
        Mary Ida   d-31MAR1892   ag-14-10-9
        Jacob I.   d-27MAR1879   ag-0-1-9
        Harry   d-09DEC1905   ag-21-3-25

        John   07FEB1817-05JAN1899
        Elizabeth   (PRINGLE)   09OCT1823-30OCT1913

04/09/97

RAYMAN BRETHREN CEMETERY

Located at the intersection of Sheep Ridge Road (TR 622) and SR 1002 in Stonycreek Township, Somerset County, PA.

BALDWIN, Lenord   d-17DEC1914
     Ester   d-22APR1916
     Hazel   d-22APR1916
     Helen   d-17JUN1918

BOWMAN, Franklin   05JUN1914-14JUL1932

BOYD, Roy E.   13MAR1895-27OCT1918
    Grace R.   14NOV1896-22JAN1991

BRANT, Cora E.   (d/o WW & MG)   d-05FEB1903   ag-13-7-1

FISHER, Pierce   10APR1854-17SEP1919
    Gertrude   26OCT1840-01AUG1910
    Maggie   20MAY1878-01MAY1913

FRITZ, Robert Lease   (s/o C & E)   09JUN1911-16JUN1911
    Infant   (s/o C & E)   22NOV????   (Stone Broken)

    William H.   d-09JUN1892   ag-69-10-15
    Hannah   (GEIGER)   d-15JUL1896   ag-65-5-11

MEYERS, Jacob D.   d-20MAY1893   ag-79-4-6

MILLER, Samuel L.   (s/o AB & MJ)   d-21AUG1895

PECK, Abraham   20FEB1842-09JUN1906
    Lucina   11JUL1846-18JAN1927

PILE, George W.   1890-1975
    Elsie G.   1895-1956

RAYMAN, Edward G.   1873-1937
    Mary A.   1871-1954

    Jacob G.   1836-1914
    Sally   1836-1919
    Mary   d-19AUG1892   ag-19-10-2

REITZ, Christian   28JAN1842-26DEC1892

    George   d-13JUL1890   ag-81-7-6
    Mary   25MAR1820-27APR1915

    George E.   29JUN1871-31AUG1943
    Ada M.   09FEB1871-22MAR1940

    George M.   (s/o LA & EB)   21AUG1921-08SEP1921

SARVER, Augustus R.	1875-1954
Ella M.	1887-1965
SCHROCK, Edward S.	1873-1952
Mabel O.	1879-1964
Lester W.	04JUN1907-07SEP1918
Irvin M.	1869-1929
Minerva C.	1875-1962
Earl L.	1893-1899
Israel J.	1848-1926
Annie	1850-1937
TRENT, James Stephen	04MAR1847-07FEB1909
Ellen Nora (REITZ)	20JUL1847-15JUN1922
WALKER, William	1866-1922
Nora E.	1866-1921
Infant Son	b/d- 01JUN1889
YODER, Jonas	03NOV1844-17JUN1917 ***GAR***
Mary (ZERFOSS)	12NOV1846-30JUL1925

07/05/96

RUMMEL LUTHERAN CEMETERY

Located between Graham Avenue and Maple Heights Road in the village of Rummel, in Paint Township, Somerset County, PA.

BARNES, Jerry	1878-1944
Lenora Ann (d/o Robert & Leona)	18FEB1954-21FEB1954
Simon Peter	1882-1937 ***WW1***
Florence	1902-1954
William	1862-1926
Joanna	1860-1936
Margaret	1895-1930

BERKEY, Austin   1872-1926
      Axie O.   (ROGERS)   1874-1942

      Noah   1866-1947
      Grace G.   (ROGERS)   1870-1947

BOWSER, Archie F.   24OCT1913-17FEB1992
      Genevieve R.   23JUN1915-

      J. Scott   1890-1975
      Carrie A.   1888-1970
      Paul David   d-25JAN1913   ag-1-2-26

BURCHILL, David G.   21FEB1894-02MAY1976   **_WW1_**

      Lizzie   1877-1959

CROOKS, Charles A.   1872-1957
      Verla A.   1893-1977

FAUST, Harry F.   1885-1937
      Ida W.   26JAN1887-23APR1958
      Clarence R.   08OCT1916-05JAN1918

      Kenneth L.   29APR1910-
      Beulah A.   14AUG1911-

      Leslie L.   1889-1935
      Carrie B.   1891-1957
      Leslie Lee   16JUN1927-

FENTON, Harry A.   1902-1967
      Effie M.   1894-1981

FLEEGLE, Thelma   (MANGES)   28NOV1910-31JAN1992

FOUST, Jesse   1866-1941
      Mary Ellen   (SHAFFER)   1867-1933

GEISEL, Robert F.   22APR1923-   **_WW2_**
      Helen M.   25DEC1920-04JAN1994

GILLUM, Grover Cleveland   1887-1974
    Mary A.   (REAGHART)   1902-1979

GINDLESPERGER, Henry H.   1877-1926
    Abia   (GORDON)   1884-1922

GRUSH, Amanda   (w/o John)   1858-1919

    Elroy   (s/o L & M)   04FEB1921-13APR1921

    Norman   08JAN1895-13APR1971   **_WW1_**

    William H.   1886-1928
    Effie M.   (SHAFFER)   1893-1948

GUNDERSON, Dorothy B.   03APR1923-24APR1964

HART, Sankey E.   16APR1878-17OCT1951
    Odilla M.   (SHAFFER)   08APR1880-21MAR1951

HEATER, Harvey C.   1877-1926
    Emma B.   1874-1947

HEETER, Elbie D.   1913-1960

HELMAN, Samuel G.   10SEP1850-21JUN1914
    Catharine   (SHAFFER)   08OCT1855-14JUL1925
    Lewis Ivan   1880-1973
    Samuel H.   02DEC1900-21MAR1915

HOLSOPPLE, Henry   1847-1915
    Mary   (HERSHBERGER)   1840-19JAN1917

    Oscar   19MAR1903-19SEP1981
    Beatrice   07JUL1913-25DEC1988

    Philip J.   1875-1946

    Ralph D.   1884-1963
    Amanda   1892-1955
    Margaret W.   JUN1916-DEC1916

HOOVER, Calvin C.	1859-1937
Maggie	1861-1940
Dorothy A.	02JUL1905-17JUL1921
Raymond	11APR1927-08DEC1993 ***WW2***
Lois L. (FYOCK)	21OCT1927-
Raymond C.	1886-1952
Tena F. (PENROD)	1889-1959
HORNER, Howard E.	1899-1936
Elizabeth G.	1902-1927
Janet Fay	1935-1937
Sally Jo	1946-1946
David Allen	1948-1948
Manford J.	1876-1962
Minnie B.	1874-1961
HOSTETLER, Albert W.	11OCT1912-20OCT1976
Ruth M.	29MAY1915-
HRITZ, Stephen R.	16JAN1911-
Ruth M.	14DEC1908-21AUG1979
HUNTER, Lester J.	01FEB1922-
Audrey D. (Married: 03JUL1942)	19NOV1919-21JUL1993
William B.	20SEP1925-30AUG1985 ***WW2***
Alma M.	22MAY1924-
IMLER, Stanford L.	1914-1974
Harriet B.	1911-1985
KOUCIC, Mildred M. (HOLSOPPLE)	JUN1916-1940
KUZMA, John	1914-1982
Helen	1906-
LESKO, George D.	15JUN1940-
Lynn	08DEC1941-20JUN1990

McATEE, Maude Lee	1883-1937
MANGES, Curtis C.	1892-1928
Shiloh Ellen (WIRICK)	1895-1935
MILLER, Thomas R.	28DEC1902-17MAR1993
Fleta L. (SHAFFER)	09NOV1907-08AUG1993
MITCHELL, Joseph L.	1886-1967
Anna M.	1887-1968
MOCK, Avery S.	18JUN1924-
Isabel M.	01MAY1928-26NOV1984
Ellsworth P.	13FEB1914-03JAN1969
Ethel M.	1917-
Ellsworth F.	1939-1950
Larry E.	1944-1975
Frank J.	1868-1955
Sarah E. (SHAFFER)	1882-1968
MURPHEY, A.D.	d-24MAY1919 ag-47-11-29
NEIL, Arthur George	09FEB1926-21NOV1961 **_WW2_**
NULL, William L.	21OCT1860-29OCT1916
Elizabeth	10JUL1867-15JAN1938
PARSON, Annie E.	1865-1944
William R.	1905-1941
Arthur L.	1916-
LaVerne F.	1918-
Charles J.	12SEP1888-02MAR1948
Verna L.	10OCT1892-20NOV1961
William Vernon	1918-1918
PENROD, Daniel, III	b/d- 02JAN1940
Ida A. (w/o DE)	22OCT1873-26MAR1914

PENROD, Louisa (FENTON)	1882-1936
Shaffer G.	1907-1970
Romaine I.	1911-1967
Lorraine Mae	1930-1980
Uriah J.	23JAN1859-22FEB1942
Elizabeth (SHAFFER)	07MAR1863-01DEC1943
PLATT, Merle R.	09MAY1925-30MAY1988
Murl R.	1903-1924
Rilla I.	06JAN1900-28FEB1966
REESER, Louise	1889-1954
Dorothy E.	1926-1954
SAJKO, Brenda Lee	b/d- 01MAR1975
SAYLOR, James A.	11NOV1895-16OCT1957 **_WW1_**
Mary Susan	1898-1942
SCHOKORA, John S.	18JUN1919-24JUL1979
Helen M.	28JUN1920-
SHAFFER, Andrew D.	10SEP1858-26JUN1936
Phebe	07APR1861-09OCT1945
Daniel	05JAN1894-12OCT1928
Emory	18APR1901-04JUL1917
Calvin P.	1898-1966
Lulu G. (KALTENBAUGH)	1899-1966
Lincoln Glenn	1921-1921
David B.	1879-1950
Nancy M. (HOLSOPPLE)	1884-1967
Vietta L.	1915-1950
Donald L.	1928-
Louise	1930-1971
Eli	1859-1930
Hannah Belle (DIEHL)	1867-1928

SHAFFER, Elmer E.	1901-1950	
Lizzie M. (KNAVEL)	1900-1987	
Fred H.	07JUL1921-05OCT1984	**_WW2_**
Pauline M.	21OCT1930-	
Harry	1888-1974	
Gertrude	1894-1977	
Howard	1898-1977	
Minnie E.	1898-1972	
Vera E.	1915-1915	
Samuel E.	1927-1927	
Hugh	1901-1975	
Freda M.	1899-1983	
Ira Sankey	1877-1958	
Effie Rosella (DEFFIBAUGH)	1881-1953	
Irene L.	18JUL1954-20NOV1979	
James G.	1882-1949	
Lillie B.	1891-1933	
Jane E.	1895-1960	
John Henry	1861-1925	
Mary Ann (STATLER)	1857-1940	
Ralph M.	1897-1958	
Kore	26SEP1892-20JAN1975	
Nora Ellen (WIRICK)	28MAY1896-02DEC1981	
Linda B.	17MAR1951-01SEP1976	
Matthew T. (s/o Edwin)	24AUG1985-20SEP1985	
Melchoir	1849-1931	**_GAR_**
Elizabeth (KUNTZ)	1854-1939	
Russell A.	05NOV1916-13MAR1990	**_WW2_**
D. Jane (HORNER)	07AUG1914-	

SHAFFER, Samuel E.	1864-1943	
Elizabeth (BARNES)	1864-1954	
Susan	25OCT1825-12SEP1912	
Wilbur E.	27MAY1922-	
Helen V.	07MAR1920-06FEB1992	
SMITH, Glendon H.	30MAY1920-06NOV1986	
Anna L. (KLINE)	16MAR1920-13NOV1998	
Lester L.	1894-1951	***WW1***
Mary J.	1901-1978	
WALKER, Willard, Sr.	19JUN1890-06MAY1967	***WW1***
WELLER, William R.	1923-	
Martha P.	1924-1988	
WIRICK, Albert H.	1861-1935	
Emma	1863-1937	
Benny Ray	1928-1966	
Chancey B.	1890-1972	
Alda E.	1891-1952	
Charles J.	1906-1972	
Thelma B.	1906-1984	
Charles W.	1885-1953	
Grace W.	1889-1940	
Walter W.	1907-1921	
Alexander W.	1910-1933	
George	10APR1893-11SEP1953	***WW1***
Cora S.	21SEP1901-04FEB1964	
George	1925-1958	***WW2***
Jesse	1884-1962	
Nora	1889-1920	

WIRICK, John D.	1898-1970	
Gertie E.	1900-	
DeLema H.	1922-1943	
Joseph	1864-1935	
Anna (BENNETT)	1868-1939	
Naomi	1904-1922	
Richard E.	05NOV1938-01MAY1981	**_K_**
Clarice J.	14APR1941-	
WISSINGER, Debbie	1960-1960	
Kenneth	1908-1991	
Wilda	1911-1971	
YOUNKER, George	1874-1920	**_WW1_**
Elizabeth	1875-1958	
Lawrence	1899-1953	
Dorothy	1903-1958	
Gerald	1923-1944	**_WW2_**

NOTE: There are also several fieldstones.

06/11/94

ST. ANNE'S CATHOLIC CEMETERY

Located in Benson Borough, Somerset County, PA. From PA Route 403, take the Ridge Road (SR 1025) for only 2/10 mile. The cemetery is on the hill to the left.

ANDREWS, Mike	18SEP1864-21JUN1925	
Joseph	26NOV1925-01JAN1926	
Joseph F.	1893-1967	
Sophia H.	1906-1991	
ANGELO, Tavio	11DEC1924-13OCT1993	**_WW2_**
Florence	22MAY1926-06SEP1986	

BACA, James E.	11DEC1942-	_V_
Betty J. (MARONE)	11DEC1942-	
BALOG, Geza F.	17SEP1930-	
Joan M.	04MAY1933-	
BECKMAN, Daniel J.	07OCT1939-24OCT1997	
Elizabeth J. (EVANS)	1940-23AUG1996	
BENNOCK, Joseph	1885-1948	
Maggie	1891-1958	
BERCHICK, Frank	1886-1958	
Helen Struky	No Dates	
BLAIR, Edward	1945-1945	
George E.	11MAY1941-29OCT1943	
BLOUGH, Ralph H.	06JUN1936-09JUN1965	
BUCKO, Bernadine	1892-1963	
BUGAYI, John S.	1879-1963	
Anna H.	1881-1951	
BUTCHKO, John M.	25DEC1918-	_WW2_
Rose M.	11FEB1923-	
John A.	12JUL1955-23JUL1976	
Mary K.	04NOV1916-22APR1988	
CHLEBDA, Joseph	02FEB1886-05NOV1950	
Mary	15AUG1896-06OCT1927	
Kazimirz	21JUL1921-29MAR1995	_WW2_
CONCAIRCYK, Anastazyo	1862-1923	
COTCHEN, Philip	24APR1897-02DEC1959	
Josephine	23FEB1906-28MAY1976	

COTCHEN, Robert L.   10MAY1925-
    Roseann   19DEC1930-

CWIAKALA, Jacob   1885-1957
    Carolyn   1885-1963
    Velma Bernice   23OCT1926-30JAN1931

CZARLINSKI, Jozef   1889-1941
    Sophia   1891-1959
    Ludwik   1909-1965   *__WW2__*
    Eugene M.   1918-1964   *__WW2__*

DAMICO, Wanda   09SEP1907-04OCT1927

DEMMER, Infant (s/o FJ & BE)   No Dates

DONITZEN, Frank Andrew   20SEP1950-24FEB1987
    Mary Louise   07FEB1951-

DRABIC, Stanley   1887-1931

DRAGAR, Frances   18MAR1926-06AUG1930

DRZEWIECKI, John B.   06DEC1917-27JAN1998
    Ann M.   27MAR1922-03MAY1993

DUFRAT, Frank J.   1876-1944
    Samuel J.   18JAN1926-23JUN1937

DYDULA, Stanley   1884-1942

EWANITSKO, Joseph   30AUG1914-11AUG1978
    Michael Edward   01JUN1953-03NOV1953

FEDOROVICH, Frank   10DEC1916-27SEP1947
    Antoinette (SKOBEL)   26AUG1906-24SEP1980

    George   02JUL1920-05JAN1985
    Frances   24JUN1924-20JUL1995

FERRE, Joseph   1959-1959

FLAIM, Joseph	1902-1989
Nellie	1910-1974
FOWLER, Anne (NIOVICH)	27JAN1909-14MAR1984
GALLO, Joseph A.	17NOV1922-
Virginia M.	22OCT1923-
Marleen Jo	05MAY1950-24OCT1985
Paul	1887-1966
Pauline	1886-1949
Paul R., Sr.	16NOV1924-
GARLESKY, Jacob	1888-1965
Antoinette	1899-1959
GAUDLIP, Joseph A.	18OCT1900-20APR1990 **_WW2_**
Catherine E.	13NOV1912-
GAYDOSH, Andrew	1870-1955
Joseph R.	19MAR1916-24JUL1992
Josephine L.	1917-1957
Josephine	1940-1940
GELSIE, Mary Ellen	1947-1948
GOLDEN, John J.	1880-1968
Mary R.	1890-1973
GONCIARGYK, Stanislaw	d-1924
GRANDAS, Andy	12SEP1912-14AUG1989 **_WW2_**
Susie	25MAY1919-20APR1996
Caroline	18OCT1885-23JUL1972
John	15JUN1920-29JUN1920
Paul	1890-1930
Paul, II	26AUG1911-21OCT1990 **_WW2_**

GRANDAS, Steve	02DEC1923-15MAR1970	**_WW2_**
GREEN, Robert	30MAY1913-17APR1998	**_WW2_**
Mary H.	25JAN1914-08AUG1997	
GRIFINSKY, Anna	1876-1936	
GROHAL, Eva	1923-1923	
GUYDO, Christ	1880-1950	
Mary	1883-1969	
John	09JUN1925-25MAR1952	**_WW2_**
Joseph	1955-1955	
HAAPALA, Anna S.	1906-1946	
HARENCHAR, John M.	1892-1934	
HOFFER, Clyde L.	16SEP1909-01JUN1965	
HONKUS, Frank John	27SEP1915-03MAY1997	
Helen M.	17SEP1921-	
Mary	08SEP1893-23NOV1967	
Michal	1888-1935	
HUJDUS, Franciszek	1873-1940	
Regina	1868-1921	
IMBORNONE, Helen	27AUG1917-07MAR1963	
KACZAN, Adam	1870-1944	
Cecylia	1867-1952	
KENTULA, John	1865-1936	
Mary	1856-1932	
KETCHOCK, Mary B.	10NOV1917-08JUN1974	
KIMMEL, Andrew	1893-1962	
Nellie	1897-1956	

KIMMEL, Frank	1927-	**_WW2_**
Margaret (TOMKO)	1934-	
KING, Anna	1918-1919	
Otto A.	1877-1953	
Agatha M.	1887-1968	
Paul A.	09NOV1925-21JUL1992	
Charlotte E.	22FEB1928-03APR1980	
KITZMARK, Frank J.	1913-1977	
Carl R.	29JUN1915-14APR1954	**_WW2_**
KLINE, Arthur D.	18MAY1937-15SEP1995	**_V_**
Eva M.	11JAN1940-03SEP1995	
KLUCZNY, Andrew	1880-1945	
Mary	1881-1937	
Michael J.	1880-1938	
KNUREK, Stella	1890-1956	
Michael A.	07OCT1925-14MAR1946	
Joyce Elaine	1940-1949	
KNURICK, Tony	13MAY1875-30APR1935	
KOVACH, Michael G.	20APR1911-25JUN1987	
Nellie M. (Married: 02JUN1934)	12MAR1916-13JUL1989	
KOWALCHICK, John	1872-1959	
John	1872-1939	
Frances	1874-1941	
KOZIELEC, John N.	1903-1970	
Louise D.	1912-	
Joseph	1866-1938	
Agatha	1866-1939	

KOZUCH, Aloyzy	1888-1927	
Caroline A.	1899-1963	
Frances	1931-1942	
KRUPA, John M.	1919-1969	**_WW2_**
Victoria M.	1921-	
LEBDA, Antoni	1879-1963	
Victoria	1884-1972	
LORENZI, Isacco	1897-	
Edith B.	1911-1967	
Richard J.	31JAN1951-09APR1970	
LUBAS, Jacob	1888-1969	
Mary R.	1890-1978	
LUCAS, John	13OCT1926-24MAY1997	**_WW2_**
Lucy P.	29MAY1930-	
Stanley J.	27JUL1917-29JUN1989	**_WW2_**
William	1886-1948	
Mary C.	1889-1980	
McKENNA, Clara V.	27DEC1907-02OCT1984	
MARCINKO, Paul R.	1912-1964	
MARONE, Frank	08JUN1909-17SEP1996	
Catherine	07MAR1910-27MAY1978	
John	1888-1970	
Josephine	1887-1966	
Vito J.	1915-1971	**_WW2_**
Veronica R.	1920-	
MEKLIS, Martin	1894-1967	**_WW1_**
Agnes	1887-1973	
MUZYDLA, Frank J.	1876-1945	
Anna	1880-1945	

NIOVICH, Walter V.	1888-1941
Sophie	1888-1980
Barney	1917-1940
NOLL, Lawrence	1888-1935
Barbara	1898-1991
NORKIS, Joseph	1884-
Kazimeras	1877-1949
NORKUS, Jurgis	1874-1931
ORANCHUCK, Joseph	1889-1960
Kathryn	1890-1959
Michael	1917-1989
Anna	1917-1997
Patricia M.	02OCT1941-27NOV1961
ORKIS, Frank M.	25SEP1911-27JUL1967
Kathryn	14SEP1915-
Larry C.	23SEP1947-16NOV1947
Madeleine	1955-1955
Victoria	01DEC1910-29MAY1988
Michael J.	30JUN1946-16FEB1985 ***V***
ORKISZ, Juzef	1872-1942
Wiktoria	1871-1951
OSMAN, Walter	1873-1921
Anna B.	1875-1947
PASIUT, John	1871-1956
Katarzyna S.	1881-1933
Lewis	08MAR1915-06AUG1939
PATSY, Stephen J.	19JAN1925-18JUN1996 ***WW2***
Pauline A. (HONKUS)	17SEP1928-

PETET, Basil J.	1885-1972
Clorinda	1886-1961
POLLOCK, Peter	1912-1974
Sophie	1913-
RAUDIS, Pete	1884-1969
Antonina	1893-1975
RAYMAN, Frank S.	09AUG1927-
Geraldine M.	07NOV1926-25AUG1991
Mary	b/d- 23JUL1964
Walenty	1890-1975
Agnes	1900-1982
REMZ, Frank	1876-1945
Anna	1880-1945
RENZOINICK, D.	1882-1944
ROGALA, Agnes	1882-1966
ROKI, Robert	1890-1929 ***WW1***
ROWDIS, Joseph A.	26JAN1919-03NOV1997 ***WW2***
SALLEY, Andrew	1902-1960
Ethel	1910-
Elane C.	01NOV1929-01JAN1932
SANK, Frank M.	1882-1962
Julia A.	1882-1944
SAPOLSKI, Andrew	1866-1949
SCHWARTZ, Lillian H. (d/o I & A)	1923-1924
SCISLOWICZ, Andrew	29OCT1918-09NOV1983
Nellie	20DEC1919-08MAY1988
SHUSTER, Frank	12JUL1916-24JUN1945

SKOBEL, Joseph S.	19MAR1895-25MAR1936
SLEECE, Frank J.	09DEC1916-05JUL1975 **_WW2_**
Jacob J.	1874-1942
Mary A.	1889-1961
SLOCH, Wiktorya	1894-1930
SMAKULA, Joe J. Nola I.	02AUG1924- 06FEB1925-15FEB1994
John M. Mildred J.	15AUG1921- 01MAY1923-
Veronica	b/d- 29DEC1961
SMOLSKY, Adam	1881-1956
Mateius	d-1923 ag-52
SOLTYS, Waclaw	1881-1959
SOTOSKY, John J. Dorothy A.	1925-1981 **_WW2_** 1929-
Michael Anna C.	1896-1977 1906-1993
STANKO, John Mary H.	1872-1937 1879-1956
Joseph A. Mary	1905-1969 1911-1981
STARVIS, Marie	03SEP1905-22NOV1995
STARVISH, Stanley	14MAY1914-31MAR1980 **_WW2_**

STAWARASZ, Franciszek
    Katherine
    Joseph
	1874-1933
	16JUL1885-15JUL1979
	13NOV1903-22APR1979

STEPHENSON, Julia D.	10JAN1903-02JAN1993
STOPKA, Jan	1873-1923
STOPKO, Anna	1863-1929
STYS, Walenty	1878-1950
Amelia	1878-1962
SUDA, Frank	1872-1946
Rose	1879-1943
SZWEJKOWSKI, Leon A.	1883-1933
Elizabeth	1877-1953
TEMYER, Anthony J.	01SEP1924-24NOV1986 **_WW2_**
Mildred L.	28JUL1923-
TEMYER, Michael	1883-1946
Catherine	1892-1994
Mike	26OCT1911-14DEC1980
Verna	23JUL1924-13DEC1988
TOCZEK, Anna	15AUG1886-02NOV1936
TOMASZEWSKI, Ludwig	1889-1928
Caroline	1895-1972
TOMKO, Andrew J.	1939-1939
Henry Joseph	19SEP1940-03AUG1995 **_V_**
TRANOVICH, Michael S.	1913-1966 **_WW2_**
Josephine S.	1913-1979
TUCZEK, Joseph	1881-1951
URANKAR, Elsie L.	1922-1943
VITEY, Valenty	1869-1929
VITKO, Kathleen M.	16AUG1918-13JUL1977

WOJNAR, Jan   1869-1939

ZAKLUKIEWICZ, Adam   1883-1937
    Mary   1892-1980
    Mike   1931-1934

NOTE: Some graves marked only with wooden crosses, some in foreign writing.

12/12/98

SARVER FARM CEMETERY

Located in Allegheny Township, Somerset County, PA on the former Elmer Hillegas farm. From PA Route 31 East, turn left at Dividing Ridge onto SR 1015. Travel for exactly 2 miles. After passing under the PA Turnpike overpass, turn left onto Suhrie Hollow Road (TR 811). Travel for exactly 5/10 mile. At top of hill, take dirt road to the right. Cemetery is situated about 50 yards in.

CATON, Rev. S.J.	d-06FEB1894 ag-42-7-2
Mary A.	d-02JAN1887 ag-36-11-14
Garnet (s/o Wm. F. & Ella J.)	16MAR1888-06JUN1890
Harvey " "	03SEP1892-08JAN1893
James E. " "	d-1890
Robert E. " "	24NOV1886-29NOV1902
Infant twin son & daughter	b/d-08JUL1902
GLESSNER, George W.	04FEB1868-22DEC1956
Rosa Ann (SARVER)	d-13MAR1911 ag-42-5-4
Twin infant sons	02DEC1895-11DEC1895
SARVER, Dora M. (d/o JH & EA)	d-28FEB1881 ag-13d
George	12MAY1837-03MAY1905 **_GAR_**
Maria (ROCK)	18DEC1837-11FEB1908
Henry	d-01OCT1878 ag-77-11-22
Margaret (MOSHOLDER)	d-24NOV1877 ag-75-9-1

SARVER, Henry   26APR1844-16NOV1931
    Catharine (MYERS)   d-10JUN1896 ag-50-2-25
    Andrew J. (Son)   d-01AUG1907 ag-41-10-27
    Twin sons Joshua & Wilson   d-16NOV1877
    Zachariah C. (Son)   d-27OCT1896 ag-25-6-25

    Maria (w/o Andrew)   d-10APR1830 ag-62-2-12

SHROYER, Catharine (w/o H)   06AUG1856-08AUG1923
    Andrew J. (s/o H & C)   d-02MAY1879 ag-1-9-1
    Effie J. (d/o H & C)   d-10MAY1879 ag-3-6-1
    Maggie (d/o H & C)   Stone Worn

WAMBAUGH, M.E. (s/o JR & SB)   d-03AUG1889

WEIGHTMAN, Mary A.   29JAN1851-01SEP1920

NOTE: There are many worn, unreadable stones of adults and infants. Several stones from the 1930's original survey are unreadable today. All attempts were made to be as accurate and complete as possible.

12/27/96

SORBER CEMETERY

Located in Buckstown, Shade Township, Somerset County, PA. The cemetery is situated about 100 yards from the road, opposite of the Buckstown Cemetery, and about 250 yards from US Route 30 West. The plot is surrounded by an iron fence and the stones are in very bad shape and most of the stones are very worn.

SORBER, Adam   d-01AUG1897 ag-84-0-11
    Elizabeth (SPANGLER)   20JAN1831 - 15MAY1905
    Charles W. (s/o A & E)   d-16SEP1867 ag-0-3-20

    Daniel, Sr.   d-28FEB1853 ag-76-0-12
    Elizabeth (SEVITS)   d-20SEP1851 ag-69-6-23

    Infant Son of LD & ?   d-JAN1903 ag-17d (Badly worn)

07/11/98

SPECHT CEMETERY

Located in Quemahoning Twp., Somerset County, PA. After leaving the village of Blough via PA Route 403 South, turn right onto Blough Road (TR 731). Travel for 6/10 mile, family plot is located on the left side of the road.

SPECT, Daniel   (husband of Nancy Blough)   d-25DEC1863   ag-67-2-22

    Daniel   (s/o D & E)   d-08FEB1864   ag-1-4-16

09/03/96

WILMORE UNITED BRETHREN CEMETERY

Located in Summerhill Twp., Cambria County, PA, along PA Route 160 North, just across the bridge from Wilmore Borough.

ADAMS, Joanna   (w/o George W.)   d-09AUG1888   ag-42-3-8

ASHE, Tobias   1825-1909
    Rebecca   1841-1909
    C.W.   1871-1886
    J.E.   1881-1881

BATLEY, Ann E.   (w/o Henry)   1846-1907
    James W.   26SEP1873-01NOV1892

BARNES, Tobias   d-02APR1892   ag-86
    Elizabeth   d-01MAR1889   ag-72
    Samuel   d-12AUG1872   ag-10-2-6

BAUERS, Harry A.   1864-1925
    Minnie   1858-1944
    Foster H.   1891-1904
    Josephine   1902-1954

BOSLEY, Margaret Kate   (KERN)   (w/o John T.)   1850-1879
    Arthur Irving   (s/o JT & MK)   d-?   ag- 0-6-0

BOYER, Valerie Jean   (d/o David & Genevieve)   d-SEP1921   ag-?

BUTLER, William   04MAR1814-01MAR1895
    Mary   21SEP1812-07AUG1895
    John C.   d-10OCT1871 ag-23-6-12   **_GAR_**

CONFER, Plymouth W. (s/o WS & Mary)   d-26SEP1889 ag-13-7-10
    Winifred (d/o WS & Mary)   d-02JAN1892 ag-0-1-3
    Ella M.   1885-1886

COWAN, William   d-20APR1892 ag-71   **_GAR_**
    Margaret   d-25NOV1882 ag-75

CRUM, Arthur A.   03OCT1898-16FEB1905

    Sylvester   1842-1908
    Jane (COWAN)   No Dates
    Thomas   d-04MAR1889 ag-21
    Maggie   d-04APR1880 ag-8-7-29
    Johnnie   d-07FEB1881 ag-7-11-2

    William J.   d-06OCT1876 ag-35

CULLEN, Andrew D.   1846-1918
    Catherine A.   1849-1941
    Emma   1867-1882
    Flora   1874-1875
    Andrew   1876-1881
    Emily M.   1883-1886
    Oscar   1885-1891

    Arthur H.   1886-1977
    Nellie B.   1886-1961

    Charles   06APR1841-22JAN1931   **_GAR_**
    Lucinda P.   25DEC1845-18SEP1890
    A.H.   No Dates
    A.M.   No Dates

EDWARDS, Annie (w/o WH)   1855-1898
    Lawrence E.   1893-1911
    Leslie   1896-1896

    Effie May   1900-1901
    William S.   1901-1910

EHRENFELD, Frederick   10JAN1809-21SEP1881
    Rosanna   18OCT1818-25DEC1886
    Elizabeth   08SEP1845-23FEB1908
    William O.   25MAY1860-29OCT1881

    Sammie B.   (s/o Jacob & ST)   10JUL1881-24JUN1882
    Elsie Kate (d/o Jacob & ST)   04JAN1882-23APR1882

ELLIS, Enos   d-09JUN1877   ag-81-1-28
    Ruth Anna   d-01JUL1882   ag-72-5-2

EMIGH, Elizabeth W. (w/o William L.)   26APR1851-18JUL1918
    Edmund   d-17OCT1880   ag-2-6-0
    Infant Son   d-08DEC1890   ag-0-9-0
    Bryon A.   d-30MAY1907   ag-8-8-17
    Martin   d-08SEP1902   ag-16-9-2

    Jacob   d-26FEB1876   ag-80
    Elizabeth   d-13DEC1858   ag-69-1-3

    Joseph   16DEC1816-03NOV1907
    Catharine   15SEP1809-03JAN1894

    Ressler   No Dates   ***GAR***

    Soloman   d-18FEB1898   ag-71-7-18

    William H.   1892-1969
    Jessie C.   1905-1980

EVANS, Edward D.   d-01JUN1873   ag-45-0-21
    Harry B.   (s/o ED & OJ)   d-03APR1872   ag-7-6-3
    Ida O.   (d/o ED & OJ)   d-04APR1872   ag-4-5-12
    Nander C. (s/o ED & OJ)   d-14JUL1881   ag-23-3-7
    Edna   (d/o ED & OJ)   d-30APR1884   ag-23-2-13

FLECK, John   d-20OCT1894   ag-47-8-8   ***GAR***
    Mary J.   d-06OCT1940   ag-92-10-0
    William A.   No Dates
    Nellie R.   No Dates
    Charles S.   1887-1918

FLECK, Joseph   1871-1907
    Ida   (KNEPPER)   1869-1939
    Frederick   1893-1946

FRAZER, William   1815-1885
    Eliza M.   1815-1892

    William   d-11OCT1904   ag-57
    Sara R.   (1st Wife)   1854-1891
    Mary M.   (2nd Wife)   1850-1929
    J.E.   d-17JUL1887   ag-13-0-0

FORSYTH, Mary Ann   (WHOLESLAGLE)   (w/o Wm.)   d-18MAY1872   ag-22-0-20

    Rebecca M.   d-31AUG1893   ag-47-0-10

GEORGE, Mary J.   (w/o Robert T.)   08NOV1866-26JUN1909
    Thomas   08SEP1889-13MAY1896
    William   01APR1900-20AUG1902

    Morris   15MAY1828-13MAR1909
    Sophia   12MAY1824-30APR1904

    W.I.   1860-1910
    Emma   1861-1908
    Herbert I.   1884-1884
    Roy G.   1888-1888
    Myra C.   1894-1910
    Frederick A.   1898-1901

    Z.T.   1852-1886
    Sarah A.   1856-1924
    Edward T.   1877-1880
    Robert W.   1880-1922
    Paul Z.   1885-1904

HAAS, Millie B.   (CULLEN)   1882-1946
    Alda Arlutus   1902-1919

HARDY, Harry W.   1896-1965   *WW1*
    Margaret C.   1897-1987

HARDY, John W.   1872-1953
    Adelia F.   1876-1960

HESS, John L.   23MAR1818-30SEP1892
    Sarah A.   13DEC1822-04OCT1895

    Stewart E.   1879-1931
    Sally M.   05MAR1902-02SEP1906

HUMPHREYS, Daisy   (ASHE)   1877-1935

JONES, Edward   30NOV1885-06APR1953
    Edna   (KELLER)   (1st Wife)   15AUG1888-12JUN1921
    Alice   (ROBERTS)   (2nd Wife) 22APR1888-11MAY1942

KERN, Dr. Samuel McLane   1823-1888
    Susan Jane   1830-1913
    Elsie Grant   1863-1902

KILLIAN, Michael   d-22AUG1897   ag-79-0-5
    Catharine   d-28AUG1901   ag-80-5-0
    William   d-13FEB1904   ag-44-7-6

KNEPPER, Mary E.   (SEAMAN)   (w/o William B.)   d-05JUN1878   ag-29
    Charles I.   d-07SEP1875   ag-0-7-0

LEE, William   d-12JAN1895   ag-70-2-0

LONG, George B.   (s/o Rev. AM & Emma)   25AUG1892-17JAN1898

McALONAN, Annie   25MAR1862-17APR1884
    Earl   No Dates
    Maurice   d-13MAY1899   ag-17-0-26

MADISON, John   d-17FEB1874   ag-69
    Margaret   d-26JAN1873   ag-63

MEARS, J.F.   1844-1920
    Malissa   d-09AUG1893   ag-44-9-8
    Adah M.   1872-1954
    Clara J.   1875-1950
    Virginia   1877-1899

MILLER, James H.   03AUG1899-13OCT1920

    Raymond A.   1895-1963   **_WW1_**
    Margaret B.   1902-1962
    Inez D.   08MAR1931-14JUN1933
    Joseph E.   27AUG1934-21SEP1939

NOON, Anna Mary (w/o Rev. BF)   d-APR1880 ag-?
    John S. (s/o BF & AM)   d-03MAR1884 ag-23-7-10

PEARSON, Carl   No Dates
    Annie   No Dates

PETTIGREW, Elsie R. (w/o JW)   1875-1907

PITCHFORD, Margaret (d/o T & Thomsina)   d-03FEB1893 ag-3-10-22
    Thomas (s/o T & Thomsina)   d-03FEB1893 ag-1-8-13

PLOTNER, George T.   1854-1909
    Kathryn E.   1865-1931

    Henry W.   d-1892 ag-73
    Rebecca A.   d-1898 ag-73
    Joseph B.   d-26DEC1863 ag-17-0-3
    John W.   d-20AUG1863 ag-15-9-10
    Robert H.   d-31JAN1873 ag-18-7-13

    Margaret (w/o John)   d-12MAR1873 ag-83-10-17

PRINGLE, Bertha (w/o Irvin S.)   07JUL1880-01AUG1910
    Mary E.   29MAY1905-23MAY1908
    W. Walter   16AUG1909-30JAN1910

    George D.   d-28NOV1898 ag-62-8-9
    Lydia   No Stone
    Charles A.   d-07MAR1886 ag-17-0-10
    Daniel R.   d-20JAN1892 ag-17-7-0
    Lottie M.   d-15DEC1901 ag-23-11-15

    James (s/o D & L)   d-30OCT1872 ag-1-3-15
    Oliver (s/o D & L)   d-03APR1876 ag-0-7-17

PRINGLE, Mary (PERRY) (1st w/o John)   d-08NOV1849 ag-55-0-2
    Elizabeth (2nd w/o John)   d-03OCT1863 ag-62

    Oscar Lee, Sr.   d-21JUL1891 ag-32-3-14
    Elizabeth (EASH)   No Stone

    Samuel   29OCT1871-30MAY1901

ROBAUGH, George G.   1825-1901
    Catharine   1829-1900
    Samuel   08OCT1855-11MAR1910
    John   1858-07FEB1888 ag-29-2-28

RUGH, Edward Warren   1869-1940
    Cora (SHERBINE)   ????-1943

    John C.   19MAY1835-13APR1902   **_GAR_**
    Susan (SECHLER)   06MAY1843-10OCT1920
    Charles C.   21JAN1875-08SEP1902
    Frank C.   1881-1910
    Infant Daughter   No Dates

SCHOLZ, Sarah   19FEB1862-20OCT1918
    Margaret   d-10FEB1900 ag-0-2-5

SEAMAN, Albert F.   25OCT1841-10FEB1923
    Virginia   28APR1846-17NOV1916
    Milton L.   01AUG1867-14APR1891
    Elizabeth L.   19DEC1871-01DEC1872

    E.J.   27FEB1848-26JUL1900

    Emory S.   1869-1962
    Anna (DEAN)   1868-1927

    Margaret Catherine (w/o Thomas J.)   27MAR1850-01MAR1909
    William F.   d-08OCT1877 ag-1-0-5
    Lucy Ursula   d-28MAR1879 ag-6-0-20
    Ernest O.   d-04MAR1881 ag-0-6-11

    Rev. Samuel B.   d-03MAR1854 ag-44
    Jane   d-27JAN1899 ag-80

SHERBINE, Alvin	1876-1936	**SP-AM**
Nevada E.	13AUG1883-23FEB1963	
Wallace	30JAN1868-30MAR1939	
Alice (SHAFFER)	28DEC1868-07FEB1958	
SHRIFT, Constance Jean	1832-1932	
SIMMONS, Walter Lincoln	1865-1939	
Mae (SHAFFER)	1870-1941	
SKILES, Asbury	1855-1937	
Jane	1862-1952	
SKIPPER, Charles	26SEP1895-15APR1917	
Erma G.	02MAY1914-22JUN1914	
SPARKS, William	1846-1915	**GAR**
Catharine A.	1849-1908	
Hugh V.	1870-1938	
STEFFY, W.H.	1848-1908	
TREES, Carl (s/o Robert & Jane)	29JUL1925-12NOV1926	
Sanford	31MAR1860-19OCT1908	
Susan	1862-1922	
Roy B.	1889-1916	
Grace E.	1899-1984	
TROXELL, John A.	1847-1922	**GAR**
Barbara E.	05MAY1857-12JUL1893	
William H.	1880-1961	
WATT, Cornelia (LONG)	19APR1854-05MAR1922	
WHOLESLAGLE, Josiah Moore	09MAY1852-05MAR1922	
Carrie (PLUMMER)	No Stone	
Willie E.	d-26JUL1873 ag-0-3-26	
Carrie E.	19DEC1883-09JUN1885	
Mabel Grace	09MAY1898-13SEP1898	

WHOLESLAGLE, Philip M.   15SEP1825-21MAY1904
       Patience (1st Wife)   d-28MAR1880   ag-55-1-3
       Catherine E. (2nd Wife)   19JUL1846-28AUG1907

       Laura (d/o PJ & HM)   d-09OCT1877   ag-8-5-16
       Emma (d/o PJ & HM)   d-04MAY1874
       May (d/o PJ & HM)   d-27AUG1871   ag-0-11-9

       William J.   1849-1902
       Mary E.   1853-1880
       Ira   1877-1900
       Baby   1880-1880

WORCESTER, Clark   d-07FEB1887   ag-?   ***GAR***

NOTE: There are also several fieldstones, worn and damaged stones, and many missing stones.

05/20/94